풍요로운 삶을 위하여

풍요로운 삶을 위하여

박윤상 수필집

| 머리말 |

 흔히 말하기를 '청춘은 인생의 황금시대'라고 한다. 그러나 인생을 살다보면 황금기 인줄을 모르고 지나쳐 버리기 일쑤이다.
 20대는 입시지옥에서 혹은 일찍 직업전선에서 나름대로 열심히 살다보니 인생의 가장 빛나는 30대에 접어들고, 사회에 적응하여 조금 살다보면 슬쩍 40대에 접어드는 경우가 대다수이다. 인생에서 가장 힘들면서도 중요한 시기는 20대와 30대라고 말할 수 있다. 그러나 철저한 준비없이 이 소중한 시기를 그저 흐르는대로 보람없이 보낸다는 것은 참으로 인생을 아무런 값어치 없이 보내는 것이나 마찬가지일 것이다.
 요즈음 경기도 풀리지 않고 취업난이 더욱 심각해져 고민에 빠진 젊은이들과 취업을 했다고 해도 동료들과의 관계나 직장 직원들과의 관계 등으로 그리고 급료 문제 등으로 고민하며 평생직장을 보장받지 못한 채 하루하루 보내는 사람들이 많을 것이다. 그러다 보면 아무리 열심히 살았다 해도 지나고 보면 이룬 것이 아무것도 없이 인생을 마감하는 그런 경우가 대다수이다. 인생 60평생은 지나고 보면 너무나 짧은 기간임을 실감하는 것이다.

해방 전후에 태어나 어린 시절에 6·25동란과 보릿고개의 배고픔을 겪으며 어린 시절을 보내며 살아왔던 사람으로써 또는 돈이 없어 가정교사 등 전전긍긍하며 공부를 하고 여러 차례의 사업실패의 경험과 온전히 자수성가에 성공한 많은 경험을 바탕으로 20대와 30대를 맞은 젊은이들에게 인생의 설계를 시작하는 단계에서 좀 더 철저한 준비를 하여 인생을 좀 더 당당하고 풍요롭게 살았으면 하는 소망으로 이 책을 썼다. 또한 중년이나 노년들도 현재의 위치에 안주하지 않고 좀 더 나은 여생을 살아가는데 도움이 되었으면 하는 소망도 곁들여 있다.

  이 책을 쓰면서 필자가 공과대학을 나온 관계로 문장력이 약하여 성경구절이나 일부 다른 좋은 말들을 인용한 구절들이 있으니 깊이 양해하여 주기 바란다.

  성공한다는 것은 자신감을 가지고 자신에 대한 두터운 신뢰를 바탕으로 이루어짐을 명심하고 젊은 시절에 철저하고 심도있는 계획을 세워 인격적으로나 경제적으로나 남을 도와가며 남한테 존경받는 귀한 삶을 살아가기 바라며, 좀 더 나은 풍요로운 삶을 누리기에 합당한 좋은 지침서가 되기 바란다.

박윤상

| 차 례 |

품위 있는 삶을 위하여 · 10
시대의 변천에 따른 삶의 변화 · 22
사업을 꿈꾸는 이들을 위하여 · 30
참는 자에게 복이… · 46
선진사회의 문턱에서 · 59
대망을 품고 자기 개발을 · 69
창업에 관한 제언 · 78
풍요로운 삶을 위한 마음가짐 · 81
감사할 줄 아는 삶 · 84
경제적 궁핍함을 막는 경제적 습관 · 88
생각을 조금만 바꾸면 행복해집니다 · 90
세상에서 가장 아름다운 사람 · 94
고난을 겪는 것은 강인한 미래를 향한 교훈 · 98
덕을 세우는 사람 · 105
성공적인 자기 관리를 위한 10가지 충고 · 108
가정이 화목해야 매사가 잘 된다 · 119
부부와 가정 경제(돈) · 123
술에 관련된 생활의 변화 · 129
건강을 지키기 위한 음주 수칙 · 138

품위 유지와 건강을 위한 삶의 지혜 · 144

웃으면서 사는 비결 · 152

남을 칭찬함은 자신의 행복과 신명나는 세상을 만든다 · 156

시대의 변화에 맞추어 행동도 변해야 한다 · 159

뚜렷한 목표가 있어야 성공한다 · 166

좋은 인간관계는 풍요로운 삶의 지름길이다 · 170

설득력이 있어야 성공한다 · 174

부지런함은 성공의 필수 조건 · 178

법과 질서를 존중해야 한다 (더불어 사는 지혜) · 194

행복은 스스로 얻으며 느끼는 것이다 · 198

창업은 제2의 인생을 만드는 것 · 203

성공을 위한 올바른 처세술 · 207

게으른 자는 성공 할 수 없다 · 215

경제적 안정은 평안한 삶의 기본 · 218

용기 있는 자가 성공할 수 있다 · 222

건강을 유지하는 것은 성공의 기본요소 · 226

다가오는 고통은 즐기며 받아들여야 성공한다 · 230

서예작품 · 231

풍요로운
삶을
위하여

품위 있는 삶을 위하여

　시대가 급속도로 변천함에 따라 공업의 비약적인 발전과 더불어 우리의 삶도 편리함과 함께 한결 숨 깊은 삶을 살아가고 있다.
　과거 굶주리던 때에 비하면 전체적으로는 풍요로우나 상대적 빈곤에 허탈해하는 사람들이 많다. 이렇게 자기가 빈곤하다고 생각되는 사람들은 더욱 참아내기 힘든 일이다. 삶이 급박해지고 있는 이때에 우리는 어떻게 하면 좀 더 풍요로운 삶을, 그리고 품질이 높은 삶을 살 수 있을까 생각해 보기로 하자.
　우선, 우리가 풍요로운 삶을 살려고 하면 필요로 하는 것이 있는데 이것은 크게 두 가지로 나누어진다. 즉 명예를 얻어야 하는 일과 돈을 얻어야 하는 일이다.
　명예와 돈을 얼마나 얻어야 만족할 것인가는 자신의 마음가짐의 여하에 있다고 생각된다. 그러므로 우리 인간이 궁극적으로는 인생의 목표를 명예를 얻는 것과 돈을 얻는데 두고 있는 것이 일반적이다. 마음가짐의 여하에 따른 삶의 변화에 대해서는 책 후반에서 논하기로 한다. 그러나 여기서 명예와 돈을 둘 다 얻는 것은 거의 불가능한 일임을 알 수 있다. 명예와 돈 중에서 하나만 얻으면 다른 하나는 저절로 얻어지는 것이기도 하다. 그런데 명예를 얻는 다는 것은 좀처럼 힘들 것임을 알 수가 있다. 가령 운동선수가 올림픽에서 금메달을 따는 것도 명예를 얻는 것이요, 세계적인 대회에서 우승을 한다거나 정치인이 남달리 큰 공을 세우는 것도 명예를 얻는 것이고, 노벨상을 받는다거나 예술계의 거장들 등 유명한 사람들이 명예를 얻었다고 말할 수 있는데 그들에게는 명예와 더불어 돈도 따름을 알 수 있다. 또한 세계적인 부호나 유명한 기업인들도 돈을 벌었음으로 하여 유명해지지 않았는가. 명예를 얻는다는 것은 유명해진다는 이야기와도 같은데 많은 사람들 가운데서 유명해진다는 것은 운도 따라야 하겠지만 체격조건이나 두뇌 등이 타고 난 재능이 필요한 것이다. 그러므로 일반적인 대다수의 사람들이 명예를 얻기 보다는 돈을 버는 데 목표를 두고 살아가는 것이다. 그렇다면 돈 벌기는 쉬운 일인가. 그렇게 쉽지만은 않은 것이다.

  여기서 잠깐 말을 바꾸어서 부자되는 법에 대하여 알아보기로 하자. 부자란 감히 이렇게 정의해 본다.

  부자란 젊어서는 고생을 많이 한 사람이 부자이고, 중년 즉 삼사십대에는 정신없이 바쁜 사람이 부자이고 늙어서 즉 오 륙십대는 오라는 곳 많고 갈 곳 많고 할 일이 많은 사람이 부자이다. 쉽게 말하면 돈 버는 것과 부자되는 것과는 서로 다른 관점에서 보아야 할 것이다. 앞에서 말한 정의를 자세히 풀어서 말해 보기로 한다.

젊어서 고생을 많이 한다는 것은 예를 들어 학생은 공부를 열심히 한다든가 회사원이 남달리 일을 열심히 한다든가 기술을 배우는 공원이 좀 더 많은 경험을 하기 위하여 노력한다면 노는 것보다는 고생했다고 보아야 할 것이다. 고생을 더하여 공부를 열심히 한 학생은 각종 시험 등 잘 치러 일자리를 찾을 기회가 많아질 것이며 활동의 범위도 넓어질 것이 일반적이다.

또 공장에서 일하는 기술자가 솔선수범하여 좀 더 열심히 일한다면 주변의 많은 사람들로부터 성품이나 능력을 인정을 받는 사람이 되어 서로 데려가려고 할 것이다. 결국 일할 곳이 많아지고 자기의 능력을 발휘할 기회가 많아지게 될 것이다. 그러므로 젊어서는 고생을 많이 한 사람이 부자라고 말할 수 있을 것이다.

중년에는 정신없이 바쁜 사람이 부자라는 말에 대하여 알아보기로 하자.

젊었을 적에 고생을 많이 해서 능력이 많고 할 일이 많은 사람은 당연히 바쁠 수밖에 없을 것이다. 경험에 의하면 삼십대 또는 사십대에는 동문회 등 각종 모임에 여유롭게 전부 참여하기란 정말 불가능한 일이다. 할 일이 태산 같은데 어떻게 해서 모든 모임에 전부 참여할 수 있겠는가. 한참 바쁘다 보면 등산, 낚시 등 레저 문화와도 외면해야 하는 것이다. 늙어서 즉 육십대 칠십대에는 오라는 곳도 많고 갈 곳도 많은 사람이 부자라고 했다. 이것은 그 사람이 평소 살아오면서 남한테 욕먹지 않고 살아왔느냐 여부에 따라, 또 얼마나 너그럽게 살아왔느냐에 따라, 또는 얼마나 이웃과 융화 되어 왔느냐에 따라 달라질 것이다. 그동안 살아오면서 남을 배려하지 않고 자기 위주로 자기만을 위하여 살아왔다면 어느 누가 오라고 초대할 것이며 갈 곳이 많이 있을 것인가? 노년기에 할 일도 없고 친구도 없고 갈 곳도 없고 오라는 곳도 없으면 돈 없는 것보다 훨씬 불쌍함을 느낄 것이다. 그러면 여기서 부자의 정의를 돈과 결부하여 생각해 보기로 하자.

결론적으로 돈이 많은 것과 부자와는 서로 다른 관점에서 보아지는 것이다. 돈이 많다고 해서 부자는 아니라는 것이다. 그러면 돈이란 무엇인가 알아보기로 하자.

돈이란 버는 것이 아니고 모으는 것이라고 한다. 돈을 많이 벌고 버는 것보다 더 많이 쓰면 돈이 모아지겠는가. 천원 벌어서 구백 원 쓰는 사람이 만원 벌어서 만천원 쓰는 사람보다 훨씬 더 많은 돈을 모을 수 있기 때문이다. 그런데 잔돈푼 헤프게 아는 사람은 돈을 절대로 모을 수 없다는 것이다. 잔돈푼의 소중함을 아는 사람만이 돈을 모을 수 있는 것이다. 이해를 돕기 위하여 한 예를 들어 보기로 한다. 돈이 많고 적음을 가릴 수 없는 같은 부모 밑에서 태어난 쌍둥이가 있다고 하자. 이들이 똑같이 벌어서 똑같이 쓰고 똑같이 행동하고 똑같이 먹고 똑같이 입고 사는 전혀 같은 조건의 20세 청년이라고 가정하자. 이들이 어느 날 초등학교 동창회에 가다가 그중 한 사람이 갑자기 심한 두통으로 인하여 뒤돌아왔는데 한사람은 동창회에 참여하여 단 만원을 쓰고 왔다고 한다. 그러면 그 다음 날부터 한 사람이 만원만큼 부자일 것이다. 그리고 똑같은 생활을 계속 한다면 그 만원의 경제력을 따라잡기란 평생 동안 불가능할 것이다. 이 청년들이 육십 오세 정년으로 하여 사십 오년간 이 만원으로 인하여 얼마의 재산 차이가 나는가 한번 따져 보자. 돈이란 이자가 붙는 것이므로 월리 2퍼센트로 이자를 길러보자. 하긴 누가 만원을 이자 길러 줄 리 없지만은 계산상 한번 따져 보기로 한다. 만원이 1년에 2,400원 길어난다. 다음해는 12,400원에 대하여 24퍼센트니까 2,976원이 길어 난다. 그러므로 2년 후에는 대략 일만 오천 몇 백 원 여기서 24퍼센트 하면 4천 몇 백 원 길어남으로 삼년 후에는 대략 20,000원이 될 것이다. 삼년에 2배가 되면 6년 후엔 4만원, 9년 후엔 8만원, 12년 후엔 16만원, 15년 후엔 32만원, 18년 후엔 64만원, 21년 후엔 128만원, 24년 후엔 250만원(계산을 편하게 하기 위하여), 27년 후에 500만원, 30년 후엔 1000만원, 33년 후엔 2000만원, 36년 후엔 4000만원, 39년 후엔 8000만원, 42년 후엔 1억 6000만원, 45년 후엔 3억 2000만원이 된다. 필자가 할 일이 없어서 이딴 계산이나 하고 있는 것이 아니다. 잔돈푼이 소중하다는 이해를 극대화 시키기 위해서이다. 여기서 잘 보면 만원이 100만원 되는 데는 20년이나 걸리는데 1억이 2억 되는 데는 3년밖에 안 걸리는 것을 알 수가 있다. 작은 돈이 모여서 큰돈이 되는 것인데 큰돈을 만들기만 하면 그때부터 돈 모으기가 쉽다는 결론을 얻을 수 있는 것이다. 앞에서 이야기한 것처럼 만원이 65세에 이르러 3억 이라는 빈부 격차를 만든다는 것을 생각할 때 우리의 일상생활에서 잔돈푼을 헤프게 생각할 수 있을 것인가. 우리의 일상생활에서 오늘 몇 백 원 내일 몇 백 원 절약하면서 작은 돈 소중하게 생각하는 사람이야 말로 그렇지 않은 사람에 비하여 얼마나 많은 부를 축적할 수 있는지 상상해 보자. 그러므로 사람들 간에 빈부의 격차가 있는데 그 격차는 열심히 일하거나 일하지 않은 탓도 있으나 소비생활의 차이에서 오는 것이 더 크다고 보아야 할 것이다. 같은 직급의 고급 공무원이나 대기업의 임원이나 공장의 말단 공원이나 건축현장의 일용 근로자나 청소원에 이르기까지 자기 집에 사는 사람 이 있고, 전세 사는 사람이있고, 삭월세 사는 사람 등 다양하게 빈부의 격차가 생겨 있음을 생각할 때 우리의 소비 패턴을 다시 한 번 생각해봐야 할 것이다. 소비에 대한 우리의 각오를 좀 더 공고히 하기 위하여 한 가지 예를 들어 보기로 한다. 이는 어린 시절 우리 선친께서 여러 차례 들려주시던 이야기인데 여기서 소개해 볼까 한다.

옛날 한 가난한 농부가 살았는데 자기 딸을 부자 집으로 시집을 보내었다. 그런데 자기는 아무리 열심히 일했음에도 가난을 면치 못하는데 부자인 사돈은 여름에 나무 그늘에서 부채질 하며 풍류나 즐김에도 불구하고 가을에는 노적가리(곡식더미)가 산더미 같이 들어옴을 볼 때 아무래도 이상히 여긴 나머지 사돈영감한테 찾아갔다. 농부는 사돈영감한테 심각한 어조로 질문하였다. "사돈어른, 나는 아무리 열심히 일해도 항상 가난한데 어떻게 하면 부자가 됩니까?" 사돈이 말하기를 부자되는 법을 배우고 싶으면 내가 시키는대로 해야 되는데 그럴 수 있느냐고 물었다. 농부는 부자 되는 법을 가르쳐 준다는데 거부할 이유가 없었다. 사돈은 부자 되는 법을 가르쳐 주기로 하고 농부를 데리고 나갔다. 도착한 곳은 수십 미터 낭떠러지에 나무 한 그루가 뻗어 있는 곳이었다. 사돈은 농부한테 그 나무 위로 올라가라고 했다. 농부는 시키는대로 올라갔다. 사돈은 나무에 두 손 잡고 매달리라고 했다. 또 다시 왼 손을 놓으라고 했다. 그러고 나서 나머지 오른 손도 놓으라고 했다. 이때까지 하라는대로 하던 농부는 오른손은 놓을 수가 없었다. 만약 오른 손마저 놓으면 목숨을 다 하기 때문이다. 농부는 부자되는 법은 가르쳐 주지 않고 여기서 떨어뜨려 죽이려고 한다는 생각으로 화가 나서 거칠게 항의했다. 사돈은 다그쳐 물었다. 정말 그 나머지 한 손을 놓을 수 없느냐고.

농부는 대답하기를 부자 되는 법을 못 배우는 한이 있을지라도 절대로 나머지 한 손은 놓을 수 없다며 온힘을 다하여 잡고 있다. 사돈은 껄껄 웃으며 내려오라고 했다. "그것이 부자되는 법이요"라고 말하며 "당신한테 한번 들어온 재화는 당신 생명처럼 알고 온 힘을 다하여 지금 당신이 한 손을 놓을 수 없듯이 꼭 붙들고 절대로 놓지 않으면 부자가 되기 싫어도 부자가 될 수밖에 없습니다." 하고 말했다. 농부는 그때야 비로소 참뜻을 알아차리고 그대로 실행하여 큰 부자가 되었다는 것이다. 간단한 이치이다. 열심히 일하여 벌어들인 돈은 쓰지 않고 전부 모으면 당연히 큰돈을 모을 수 있을 것이다. 그러나 어떻게 돈을 한 푼도 안 쓸 수 있을 것인가? 돈은 써야 벌 수 있는 것이고 쓰기 위하여 벌기 때문인 것이다. 꼭 필요한 곳에는 써야 하지만 안 써도 되는 곳에는 쓰지 말라는 것이다. 예를 들어 전철 한두 번 갈아타면 서울 어데서 어데라도 갈 수 잇는데 몇 만원씩 들여 택시를 탄다든가, 같은 넥타이를 차면서 길거리 삼천 원짜리 보다 백화점 삼만 원짜리만을 선호한다든지, 빈대떡에 소주 한잔을 즐기기보다 방석집에 양주만을 즐긴다거나, 참아도 될 유흥 잡기를 즐긴다거나, 등 돈을 쓸 때 한번쯤 생각해 보고 쓰라는 것이다. 사회에서 지탄을 받을 정도의 심한 수전노가 되라는 얘기가 아니고 정상적인 사회 활동을 하면서 절약할 수 있는 한 온 힘을 다 하여 절약하라는 것이다. 돈을 아끼라고 하여 내 돈은 아깝고 남의 돈은 헤프면 안 될 것이다. 내 돈 아까우면 남의 돈도 아껴야 한다. 남의 돈을 절약해 주는 것이 곧 내 돈 절약하는 것과 같은 이치이기 때문이다. 예를 들어 A 라는 사람이 B 라는 사람한테 한턱 쏜다고 하자. B 는 기왕지사 얻어먹는 김에 진하게 얻어먹을 요량으로 양주 집에 이차 삼차 가면서 A 라는 사람의 지갑을 털어버리는 수도 있지만 선 술 집에서 빈대떡에 소주 한 잔으로 만족한다면 A 라는 사람의 부담은 한결 가벼워질 것이다. 그 뒤 전자의 경우 A 는 한턱 쏜다는 소리는 절대로 하지 못할 것이며 혹 B 가 답례를 한다고 해도 방석집에 양주로 전과 같이 그렇게 대접해야 할 것이며 둘이서 자리를 같이하는 빈도가 훨씬 적어질 것이다. 그러나 후자와 같이 선술집에서 빈대떡에 소주로 즐긴다고 하면 A는 부담이 없음으로 언제라도 한턱 쏜다는 말을 기꺼이 할 것이다. 또 B 라는 사람도 자기가 대접 할 때 그렇게 부담 없이 사면 될 것이다.

  따라서 두 사람은 만나는 빈도가 많아질 것이며 둘 사이의 신뢰도 쌓일 것이고 더욱 친해질 것은 자명한 사실이다. 그러므로 남의 돈도 아낄 줄 아는 일이야말로 대인 관계를 성공적으로 이끌었음을 알 수 있다. 이렇게 주위의 모든 사람에게 검소함을 보여 주는 것은 그 누구도 탓할 수 없는 좋은 미덕인 것이다.

  옛 성현중의 한 분인 공자께서 한 말이 생각나서 소개 할까 한다. "자녀를 교육함에 있어서 절약함과 검소함을 몸에 배이게 교육하는 것보다 더 값진 교육은 없다." 얼마든지 강조하여도 넘치지 않는 말이다. 절약이야말로 우리 인생을 풍요로운 삶으로 이끄는 지름길이기도 하다. 왜 그런지 알아보자.

  열심히 일하고 절약하여 저축하며 살면 우선 금전으로 하여금 쪼들림이 없어 마음의 평화가 오고 넉넉한 자본이 있어 돈을 쫓아 허덕이지 않고 온갖 부조리에서 멀어질 것이며 오히려 남한테 베풀며 사는 여유가 생길 것이다. 반대로 버는 돈보다 더 많은 돈을 쓰는 사람은 항상 빚에 쪼들려 돈에 대한 강박 관념에서 벗어나지 못할 것이며 돈을 벌기 위하여 더 많은 돈을 써야 할 것이며 빚은 눈더미처럼 커지고 결국 범죄에 빠져들기 쉽고 생활은 파경에 이르게 되는 것이다. 이렇다면 절약이 우리 생활에 얼마나 중요한 것인지 알 수 있을 것이다.

  잠깐, 나는 지금 선진국이나 혹은 우리나라에서 문제시 되고 있는 노숙자에 대해서 몇 마디 언급하고 넘어갈까 한다. 노숙자들이라도 노숙이 좋아서 하는 사람은 아무도 없을 것이다. 대다수가 돈이 없어서인 것은 자명한 사실이다. 노숙자가 된 이유를 알아보면 사업하다 망한 사람, 증권에 손댔다가 망한 사람, 보증 서 주고 망한 사람, 열심히 일했으나 빚에 쪼들린 사람, 더러는 일하기 싫어서 노숙하는 사람 등 다양한 이유들이 있을 것이다. 그러나 그들 대다수가 한때는 잘나가든 사람들이다. 대화를 나누어 보면 정신적으로 아주 건강한 사람들도 있다. 그러나 그들의 공통된 실패의 원인은 자금 관리의 잘못에 있음을 알 수 있다. 그중 힘든 일 하기 싫어서 인 사람도 더러 있긴 하지만 일확천금을 노리고 한 번에 큰돈을 벌려는 욕심이라든가 남한테 사기를 당한 경우도 있지만 결국은 낭비 등으로 인한 자금의 관리 잘못으로 보아야 할 것이다. 노숙자들, 노숙이 좋아서 하는 사람은 없으리라 생각되지만 노숙을 하지 않겠다는 의지가 없어서 라고 감히 말하고 싶다. 노숙하면서 밥 한 그릇 빵 한 조각 얻어먹고 사는 염치 가지면 어데 가서 무엇을 못 하겠느냐 말이다. 많은 사회단체에서 노숙자들을 위하여 빵을 나눠주고 식사를 제공하곤 하는데 노숙자들 한테는 미안한 밀이지만 그것은 정말로 해서는 안 될 일을 하는 것이다. '고기를 주는 것보다 고기 잡는 법을 가르쳐 주라.'는 말이 있지 않은가. 노숙자 생활에 먹을 것 입을 것 충분히 있다면 누가 힘들게 일 할려고 할 것인가. 자칫하면 노숙 생활을 고착화하지 않을까 염려되기도 한다. 그러므로 노숙자들에게 식사 제공 등 해서는 안 될 일들을 하고있는 것이다.

　우리나라에 실업자가 많다고는 하나 일자리도 얼마나 많은지 모른다. 중소기업에 구인란이 얼마나 심한지 모른다. 근래 청년 실업자들이 많으며 더욱 더 늘어나고 있다는데 이것은 일자리가 없어서가 아니고 힘들고 궂은일을 안 할려고 하는 데서 오는 현상인 것이다. 다시 말하면 요즘 청년 실업자들은 공무원이나 대기업에 취업을 위하여 대기하고 있는 취업 재수생들이라고 보아야 할 것이다. 이들이 눈높이만 조금 나추면 일자리가 얼마든지 있는 것이다.

  우리나라에 일자리를 찾아 밀려오는 외국인들이나 중국 조선족들을 보자. 우리가 생각하기에 힘들고 거친 일자리를 얻기 위하여 물밀듯이 밀려오고 있지 않은가. 그들은 부자되는 꿈을 안고 소위 3D 업종을 도맡아 일하며 불법채류도 마다하지 않고 열심히 일하여 상당량의 돈을 자국으로 송금하면서 살지 않는가 말이다.

  노숙자들 그리고 청년 실업자들이여 눈높이를 조금만 낮추어 조금은 힘들어도 열심히 일하고 절약하여 남들과 같이 이웃의 도움을 받기보다 이웃을 도와가며 활기가 넘치는 삶을 살아가기를 소망 합니다.

시대의 변천에 따른 삶의 변화

 우리가 먹을 것 걱정하지 않고 살기 시작한 것이 언제부터인가 알아보기로 하자. 해방을 전후하여 태어난 사람은 나이가 대략 칠 팔십세 전후가 될 것이다. 필자가 해방둥이이기 때문이다. 필자의 기억으로는 1940년대에는 기억나는 것이 없고 6.25전쟁의 기억부터 어렴풋이 난다. 그 당시 취학 이전인 5~6세쯤 군인들이 도로 양편으로 일 열로 늘어서 밤 낮가리지 않고 근 한 달 간 걸어간다든지 밤에 등화관제를 철저히 한다든지 집 뒷뜰에 땅굴을 파고 들어간다든지 동네 어른들이 교대하여 신탁통치 반대 궐기대회에 나가 체코여 폴란드여 물러가라는 구호를 흉내내는 기억이라든지 자고나면 누가 끌려가 죽임을 당했다는 등 살벌한 기억속에서도 특히 생생한 기억은 배고픈 기억이다. 자고나면 친구들과 산에 가서 억새 풀 뿌리 캐 먹고, 소나무 껍질 베껴 먹고, 칡뿌리 캐 먹고, 논에 가서 우렁이 잡고, 개구리 뒷다리 구워 먹고, 고무신 벗어 웅덩이 품어 물고기(피라미, 송사리, 미꾸라지) 잡고 온갖 먹을 것 찾으러 다닌 기억이 생생하다. 봄이면 형님 누나들 따라 들판에서 나물 캐고, 초가을에 버섯(솔버섯, 쇠코버섯, 갓버섯, 피버섯, 싸리버섯, 젖버섯, 국수버섯, 노랑서리버섯, 추억을 되새기며 버섯 이름을 적어 본다.)을 땄다. 어찌보면 지극히 낭만적으로 생각되지만 그 당시는 허기를 메우기 위한 방편이라 생각하면 그다지 낭만만은 아니었다. 그 당시는 부자와 가난한 사람이 별도로 없었다. 배 골음을 면하기 위하여 상상하기 힘든 몇가지만 소개할까 한다. 지금 생각하면 어처구니없는 일 중에 하나인데 논에 퇴비 대용으로 쓰려고 밭 자운영이라는 식물을 기른다. 비료가 없으니까 비료대용으로 퇴비만들기 위한 식물인데 이 자운영 출죽을 수어 먹었다. 풀이란 풀은 독이 있는 몇 몇 풀을 제외하고 거의 다 먹을 수 있다. 그런데 먹을 수 있는 풀조차 구하기 힘들어서 밭 자운영을 뜯어다가 밀기울(농사지은 밀을 거칠게 갈은 것)을 섞어서 죽을 쑤어 배 불리 먹고서 한두 시간 지나면 온 식구가 머리 아파 드러눕는 것이다. 그러나 면역이 되어서인지 몇 시간 지나면 전부 낫는다. 그 음식을 먹고 몇 시간 아프더라도 배고픈 것보다 나으니 독이 있음을 알면서도 다음에 다시 그 음식을 다시 먹어야 하는 경험이 또렷이 기억난다. 한 가지만 더 소개한다. 쑥을 말렸다가 삶아가지고 수수가루를 섞어서 으깬 다음 새알을 만들어 죽을 쑤어 먹는다. 쑥이 거의 100%에 가까우니 얼마나 쓰겠는가. 기억이 새로운 것 한 가지만 더 소개한다. 우리 마을에 피난민이 한 가족이 살았다. 그 집엔 유엔에서 구호품 배급이 나오는데 그 집은 식량 걱정하지 않고 사니까 얼마나 부러운지 몰랐다. 원주민이 약 삼십 가구가 사는 동네에서 피난 나온 집보다 잘 먹고 사는 집이 하나도 없었다면 누가 믿겠는가.

이렇게 힘든 세월을 사는 중에 자유당 부정선거 삼인조 투표(기표소에 세 사람이 함께 들어가 제대로 찍나 서로 감시하며 투표하는 방식) 4.19 혁명, 장면 내각제를 거쳐 5.16 군사 혁명에 이른다. 이때 필자는 지금의 고등학생 정도로 거의 철이 들 정도였다. 이때까지 정치는 혼란하였으나 끼니는 굶지 않을 정도 되었다. 잘은 모르지만 이때까지 미국의 도움이 컸음은 누구도 부인하지 못할 것이다. 이때는 보리밥이라도 굶지 않고 먹고살 정도였다. 군사 혁명이 일어나고 화폐개혁, 새마을 운동, 계엄령, 데모, 유신헌법 등 자유가 없는 상태에서 1970년대를 보냈다. 이때까지 누구한테 물어봐도 우리나라는 농업국이었다. 여기서 새마을 운동에 대하여 좀 깊이 분석해 보고자 한다. 새마을 운동의 기본은 좀 더 부지런하고 열심히 일하고 절약하여 우리도 한번 잘 살아보자는 것이었다. 그때 여러 곳에서 새마을 농군학교가 개설되었는데 그 교육 내용 중 우리가 삶의 지표로 삼아야 할 몇 가지만 소개해 볼까 한다.

우선 시간의 절약에 대하여 알아보자. 우리가 하루에 여덟 시간 일하고 나머지는 논다고 하면 일 년중 120일은 휴일이고 일하는 날도 24시간 중 8시간만 일한다면 9시간 중 2시간만 일하는 결과가 되는 것이다. 일평생 일하는 기간을 성장기와 노년기를 빼고 30년으로 보면 일하는 시간은 6년 6개월 정도된다. 결국 일하는 시간을 얼마든지 늘릴 수 있다는 것이다. 새마을 교육장에서의 하루 일과는 여섯시에 일어나서 체조 및 조깅을 한 시간 하고 주변 청소 및 세수 한 시간, 식사 한 시간, 세 시간 활동 후 9시에 업무를 시작한다. 오후 6시에 교육을 마치고 저녁 10시까지 예습, 복습, 분임토의, 과제연구 등 하다가 10시에 취침한다. 휴일에는 충분한 휴식을 취할지라도 근무일에는 시간을 최대한 활용할 수 있을 것이다.

　물자절약에 대하여 단편적인 예를 들어 본다. 교육장에서 첫날 세수를 하는데 교관이 앞에 서서 검열하는데 치약은 5미리 이상 짜는 사람은 벌점을 받고, 세숫비누 손에 놓고 한 번 이상 문질러 사용할 수 없고, 식사는 자유 배식인데 식사 후 식기에 아무것도 남겨서는 안 되는 철저한 규칙이 지켜져야만 했다. 물자절약의 개념에서 보면 음식을 남기지 말아야 하는 것은 기본이지만 치약을 덜 짜서 쓰라는 것은 약간의 반문이 있을 지 모르나 따지고 보면 칫솔 길이만큼 사용하는 것(약 30미리)과 5미리 사용하는 것의 차이는 6분지 1이 되므로 치약을 여섯 개 사야 할 때 한개만 사면되는 것이다. 그러므로 작은 것을 소중히 여기는 것이야말로 물자 절약의 기본이 아닌가 싶다. 결국 새마을 교육의 내용을 한마디로 요약하면 시간을 최대한 활용하고 열심히 일하며 물자를 아껴 씀으로 하여 우리도 한번 잘 살아 보자는 것이다. 이 새마을 교육이야말로 우리나라가 농업국에서 공업국으로 탈바꿈하는 원동력이 되었던 것이다. 이 당시 새마을 운동은 매스컴을 통한 교육, 새마을 교육을 받은 사람이 회사에 돌아가서 하는 전달교육 등을 포함하면 범국민적으로 이루어졌고 국가발전의 커다란 힘이 된 것이다. 당시 30세 전후의 세대들은 새마을 교육을 받고 교육의 내용을 절실히 받아들여 열심히 일하고 절약하는 세대로써 한마디로 어려운 시대에 태어나 헐벗고 굶주리며 자랐고 죽도록 일하여 국가 발전을 시켜놓고 이제는 살만 하니 늙어서 퇴임해야 하는 처지에 있는 것이다. 그러나 그들은 물자가 남아도는 현재에도 버리고 낭비하는데 익숙하지 못한 것이다. 아파트 단지 등에 버려진 물건들을 바라보며 그냥 지나치지 않고 옛 기억을 더듬어 보기도 한다. 나는 여기서 이 책을 읽는 독자 들에게 어둡고 힘든 이야기를 하는 이유는 힘들고 어려운 가운데서 괄목할 만한 경제발전을 이룬 선배들의 경험을 토대로 하여 선진국으로의 도약에 박차를 가하기를 기대하면서 옛날 경험을 이야기하는 것이다.

정부에서는 1차 5개년 계획, 2차 5개년 계획 경제 개발 계획이 계속하여 나오고 국민의 생활수준은 날로 향상되고 정말로 신바람 나는 시대임에도 불구하고 통치권자의 정통성 시비로 연일 학생들의 데모가 그칠 날이 없고 시대는 바야흐로 어지럽게 흐르고 있었다. 박정희 대통령의 장기집권 의욕으로 소위 체육관 선거로 알려진 대통령 간접 선거 제도랄지 유정회라고 하는 국회의원 3분의1을 우선 확보하는 제도 등 개인의 욕심을 위한 것을 제외하고 경제개발 계획이라든가, 고속도로 건설, 폭력배 단속, 민생을 위한 부분에 대해서는 나무랄 데가 없었다. 특히 농어촌의 지붕개량(초가집을 함석집이나 기와집으로 변경)이나 동네 길을 넓혀 포장하고 농어촌의 삶의 질을 향상시킨 점 등 괄목할만하다. 박정희 대통령의 업적을 평가한다면 혁명을 이루자마자 한일 국교 정상화, 경부고속도로 건설, 월남 파병 등이 당시 학생들의 심한 반대 데모에 맞서 서 수행된 일이 었으나 지금 생각해 보면 국가 발전의 원동력이 되었음을 자타가 공인할 일이다. 필자도 학생운동의 대열에서 상기 국책사업들을 반대하는 데모에 가담했으나 지금 생각하면 철없는 짓이었음을 알 수 있다.

　박정희 대통령이 대통령으로서의 긍정적인 평가를 받고 있는 것은 새마을 운동의 성공적인 수행과 국민소득 100불에서 1,000불로 향상 시킨 점, 농업국을 공업국으로 변화시킨 점, 국가경제의 비약적인 발전 등을 꼽을 수 있다. 필자는 지금도 국가 경제가 비틀거리고 위정자들의 비리나 실정을 볼 때마다 과거의 향수에 젖어들기도 한답니다.

때는 바야흐로 흘러 12.12사건, 광주 민주화 운동, 전두환 대통령의 집권, 88올림픽 유치, 결정 대통령 직선제 개헌 등 숨 가쁘게 시대는 흘러가고 있다. 우리나라 공업의 변천 과정을 뒤돌아 보면 육십 년대 칠십 년대는 모방의 시대였던 것이다. 모든 기술 면에서 이론 보다 실제가 앞섰던 것이다. 말하자면 제품을 만들 때 제품을 디자인해서 구조 설계하고 금형을 설계하여 제작에 들어가는 절차가 없이 샘플을 보고 금형 기술자가 금형을 만드는 현상이 대다수였다. 그러므로 기술 발전에 한계를 느끼기 시작했다. 숙련된 기술자에 의해서 주먹구구식 이론적 체계가 없이 제품이 만들어졌기 때문이다. 그리하여 80년대 초반 정계나 학계나 공업기술의 발전을 제고하기 위하여 무진 애를 썼던 것이다. 대학에는 금형 설계과가 개설되고 중소기업 진흥공단 에서는 금형설계에 관한 통신교육 과정이 개설되는 등 설계 교육에 많은 관심을 가지게 되었고 품질관리에 무척 신경을 썼던 80년대 초반이 아니었나 싶다. 필자는 여기서 공업 발전과정에 대해서는 이만 줄이기로 하고 결론적으로 칠팔 십년대의 공업발전 속도는 세계가 주목할 만한 비약적인 발전을 해 왔고 전 국민이 열심히 노력했으며 새마을운동의 효과가 컸다고 할 수 있다. 그 후 88올림픽을 기점으로 하여 우리나라가 상당한 수준으로 발전 했음을 느낄 수 있었으며 우리도 중진국 대열에 있음을 실감할 수 있었다. 88올림픽을 성공적으로 치룬 이후 국가의 위상이 현저히 향상되었음을 실감하고 무역 규모 등 우리도 이제 잘사는 나라의 자부심을 가지고 살 수 있게 되었다. 특히 2002 월드컵의 성공적인 수행은 경제 대국의 발판을 마련한 계기가 된 것이다. 세께 방방곡곡에 코리아를 알리는 계기가 되었고, 수출의 신장이 괄목할 만하다. 공업기술에서 상당부분이 일본을 앞지르고 전 세계 어느 곳에서나 국산품이 우수 제품으로 인정받는 시대가 되어 이젠 선진국 대열을 넘보는 그런 시대가 되었다.

사업을 꿈꾸는 이들을 위하여

'사업을 하려거든 덕을 쌓아라.' 라는 말이 있다. 나는 여기서 경험을 토대로 하여 사업을 성공적으로 이끌어 갈려면 기본적으로 갖추어야 할 행동이나 자세와 언행 등을 경험담을 바탕으로 하여 일깨워 볼까 한다.

　사업을 하는데 갖추어야 할 기본적 3요소를 든다면 자본이 있어야 하고, 경영 능력이 있어야 하고, 사업 환경(주변여건)이 갖추어져야 한다고 본다. 여기서 사업가의 덕이란 경영 능력과도 결부되지만 주변 환경과도 밀접한 관계가 있다. 기업을 하는 사람이 주변에 덕을 쌓지 못하여 돕는 사람이 없고 혼자서 모든 것을 하려고 하면 매사에 어려움이 따를 것이다. 심지어 덕을 쌓기는 커녕 욕을 먹고 살았다면 사업을 돕기보다 방해하는 일이 많을 것이기 때문이다. 그러므로 평소에 살면서 덕을 쌓아나간다는 것은 아주 중요한 것이다. 그러면 어떻게 하여야 덕을 쌓는 것인지 몇 가지 예를 들어 보기로 한다.

필자가 잘 아는 사람 J는 어떤 그룹의 모기업에 개발과장으로 근무하고 있었다. 신제품을 개발하면 납품업자들에게 금형을 분배해주고 제품을 발주하는 업무를 수행하고 있었다. 그 회사에 부품을 납품하는 업자들은 그 사람이 어떻게 하느냐에 따라 회사의 운명이 걸려 있기도 했다. 업자들은 J과장의 비위를 거슬리는 일이 있어서는 절대로 안 되었다. J과장은 제품을 발주할 때마다 소위 뒷돈을 요구했다. 업자들은 순수히 이에 응할 수밖에 없었다. 시간이 흐를수록 대다수의 납품 업체들도 성장하고 J 과장님도 돈을 모았다. J과장은 자기가 보살펴 줌으로 하여 납품업체들이 성장했다고 생각하며 흐뭇해 하면서 뒷돈의 요구 정도가 점점 심해져 가고 있었다. 납품 업자들은 하는 수 없이 J 과장의 뜻을 받들고 있었으나 내심 씁쓸함을 금치 못하였다.

시간이 많이 흘러 10여년이 지나고 많은 것들이 변하였다. J과장은 승진하여 부장이 되고 업자들은 중견기업으로 변해 있었다. J과장은 부하 직원들한테도 욕을 먹고 있었다. 소위 많은 뒷돈이 생기는 노른자위의 자리를 독점하기 위하여 후배 직원의 성장도 용납 하지 않고 자신만의 아방궁을 구축하였던 것이다. 물론 직장 동료 들이나 주변 사람들도 그 내용을 짐작하고 있었다. 소위 타인을 배려하지 않고 혼자만 살려는 사람이 된 것이다. 즉 한마디로 덕을 쌓지 못한 것이다. 이렇게 되면 그 자리를 유지할 수 있을 것인가. 직장에서는 후배가 밀어내고 주변에서 끌어내리고 선배들이 누르고 업자들이 헐뜯는 지경에 이른 것이다. 하여튼 그는 그 자리를 지키지 못하고 45세의 나이에 사직을 해야 했다. 대부분 자기만 알고 남을 배려하지 않고 자기도취에 사는 사람들이 그렇듯이 주변 사람들 한테 욕먹으며 살아온 줄 모르는 것이 일반적이다. 비교적 중견기업으로 성장한 납품업체들 대다수가 자기 덕분에 그렇게 성장한 것으로 착각하기에 이른 것이다. 45세 나이에 실직자가 되어 사업을 생각 할 수밖에 없었다. 흔히 '배운 게 도둑질'이라는 말이 있다. 직장 생활 때 보아온 납품 회사(업자)들의 성장 과정을 잘 아는지라 또 자기 덕분에 성장한 그들이 돕지 않겠느냐는 생각을 가지고 창업을 서두르게 된 것이다. 그들과 같은 업종을 창업했다.

그가 그 사업을 성공할 수 있을 것인지 생각해 보자. 납품업자들은 우선 그를 경계하기 시작한다. 강력한 경쟁업체로 보기 때문이다. 현직에 있을 때 휘둘렀던 칼자루가 너무나 기억에 생생한지라 그를 만나기조차 싫은 것이다. 또한 회사에서 자기가 있던 자리에 온 다른 사람이 그를 어떻게 대할 것인지 말할 필요 없는 사실이다. J 과장의 사업은 어떻게 되었을까, 우리가 교훈으로 삼기 위하여 그 결과를 간단하게 소개한다. 잘 알고 지나던 동종 업자들이 그의 사업체를 망하게 하려고 최선을 다하는가 하면 자기 부하 직원이던 후배 직원도 내심 그를 돕기는커녕 망하게 하려고 자기 역량을 다 하는 것이다. 결국 J 과장은 창업한 지 2년이 못되어 완전히 망하고 말았다. 망하는 정도가 자기의 재산은 물론이고 형제간까지 못 살게 하고 빚 속에 푹 빠진 그야말로 철두철미 하게 망한 것이다. 대기업에서 소위 공돈이 많이 생기는 노른자위 자리에서 상류층 인사로 자부하며 살던 그가 한 순간에 빚더미에 빠져 사는 그의 처지를 생각해 보면 그 희비의 교차를 우리가 짐작할 수 있는 것이다.

  여기서 덕을 쌓아야 하는 것을 좀 더 강조하기 위하여 덕을 쌓는 방법을 구체적으로 한 가지만 들어 보기로 한다. 가령 업무적으로 영향력이 막강한 과장님한테 업자 한 사람이 일을 마치고 갈려고 한다. 과장은 그 자리에 앉아서 안녕히 가시라고 인사하는 경우와, 일어나서 안녕히 가시라고 하는 경우와, 사무실 문 앞에까지 나와서 인사하는 경우와, 더 나아가서 엘리베이터 앞까지 와서 인사하는 경우와, 앨리베이터 문이 닫아질 때 인사하는 경우를 비교 해 보면 일의 성사 여부와 상관없이 어느 것이 덕을 쌓는 것인지 상상할 수가 있다. 인사를 받는 업자가 그 과장에 대하여 느끼는 바가 현저히 달라질 것이다. 그런 행동이 좋은 이미지로 자기를 만나는 모든 사람한테 여러 차례 반복된다면 자기의 위상이 얼마나 좋아지겠는가. 특히 사업을 하려고 준비한 사람한테는 얼마나 중요한 일인가 생각해 보라. 직장에서나 사회에서나 항상 남을 배려하는 습관이야말로 자기 장래의 풍요로움을 위한 큰 투자인 것이다.

　사업을 하려는 사람한테 덕을 쌓아야 한다는 말은 아주 포괄적인 이야기이다. 여기서는 사업을 하는 사람들이 사업을 성공적으로 이끌기 위하여 가져야 할 마음가짐과 필히 지켜야 할 사항들을 몇 가지 말해 볼까한다.

　첫째 자신감을 가지고 해야 한다. 사장이 회사를 성공적으로 운영 하겠다는 자신감이 있어야 의욕적이고 정렬 적으로 사업을 운영할 수 있기 때문이다. 사업을 성공할 수 있다는 자신감이 있어야 대인관계에서나 모든 일에서 능동적으로 대처해 나갈 수 있기 때문이다.

　둘째 신용 관리를 잘 해야 한다. 사업에 있어서 신용은 생명과도 같은 것이다. 신용이 없으면 사업의 영역이 좁아지는 것이다. 신용을 관리하는 데는 돈(금전)의 문제가 대다수를 차지하는데 쉽게 말하여 돈 관리 잘 하라는 말과도 같은 것이다. 돈 관리에 대해서는 앞에서 강조했으나 여기서는 사업하는 사람의 돈 관리가 얼마나 중요한 것인지 강조하는 차원에서 필자의 경험담 한 가지를 소개해 보고자 한다.

　필자가 1978년 플라스틱 사출공장을 차려 사업을 시작하였다. 나는 나름대로 최선을 다 하여 열심히 일했다. 그러나 대기업(T그룹 모기업)에서 근무했던 필자는 교통 수단으로 거의 택시를 이용했다. 당시는 마이카 시대도(아마 포니 I 이 처음 나올 무렵) 아니고 지하철도 1호선만 운행되던 터이라 택시 아니면 버스가 교통수단의 전부였다. 나이 30대 중반이라 필자 나름대로 세상을 손에 쥔 듯이 뭣 모르고 날뛴 격이 되었다. 버스표(토큰) 한 개에 90원 하던 때이다. 공장에서 시내까지 택시로 왕복하면 약 5,000원이 소요되었다. 나는 당시 택시비로 하루에 만원에서 2만원씩 매일 쓰는 것이다. 그당시 기능공 월급이 20~30만원 정도였으니까 짐작이 갈 것이다. 그러므로 나는 아침에 출근하여 일 보러 나갈 때면 최소한 5만원은 가지고 나가야 했다. 친구들과 만나서 커피 마실 때도 대체로 내가 계산하곤 했다. 식사도 마찬가지로 10 중 8, 9는 내가 계산했다. 이런 일은 흔히 있는 일이며 그리 큰 문제도 아닌 것이다. 그러나 여기서 말하려는 것은 금전 관리에 대한 사고방식의 자그만 차이가 그 사람의 사업체나 장래에 얼마나 큰 영향을 주는가에 대하여 말하려는 것이다. 지금 생각해 보면 그 당시 나는 사업가라는 자부심을 과시하려는 심리도 작용했지만 금전관리 즉 절약정신의 결여가 아니었나 생각된다 그렇게 열심히 살아오는 중 나한테 충고해 주는 한 친구가 있었다. 나이는 나보다 두 살 아래인데 대학을 나온 것도 아니고 기능공으로 회사에 있을 때 부하 직원이었다. 그 사람이 나한테 하는 말 "형님, 당신이 이병철이(당시 제일가는 재벌 총수) 아들이야? 왜 매일 택시만 타고 다녀. 토큰 두개면 서울 시내 어데서 어데라도 가는데" 나는 그 말을 듣고 대답하기를 그 말을 무시하면서 이렇게 말하였다. "어, 이 사람아. 그 무슨 소리야 시간이 돈인데(약간 깔보고 의시대면서) 소중한 시간을 어떻게 버스 안에서 소비하느냐."고 반박 했다. 그러자 그 사람이 말하기를 "당신 내 말 안 듣고 까불다간 눈에서 피눈물 날 터이니 그리 알아"라고 말했다. 약간은 나를 생각하는 진솔한 마음에서 하는 말이려니 하는 마음으로 받아들이고 그 말을 흘려버렸다. 그러고 나서 1979년 2차 유류 파동 여파로 회사의 운영 상태는 급속도로 악화되었다. 시간이 흐를수록 자금사정이 악화되어 견딜 수 없었다. 지금은 상상하기 힘든 심한 석유 파동이었다. 기억을 더듬으면 원유 가격이 8~10달러에서 38달러까지 오른 것이다. 모든 산업이 마비된 것이다. 당시 삼성전자에 냉장고 부품을 납품했는데 월 30,000개씩 납품하던 것이 샘플 베이스로 500개 정도로 줄었던 것이다. 60만원 하던 재료가 180만원으로 올랐고 재료 60만원에 사서 가공해서 130만원 받고 납품했는데 180만원 주고 산 재료를 가공해서 130만원에 납품할 수 있겠는가. 문 닫고 놀아야 할 판인데 직원들 월급, 공장 임대료, 각종 세금 등 밀려오는 자금 압박에 신용 관리는커녕 학벌, 능력, 체면, 자존심, 과거에 영화롭던 사회적 지위, 모두를 땅에 묻어두고 철면피로 살아야 하는 처량한 신세가 되고 만 것이다. 형제간을 비롯하여 멀고 가까운 친척, 친구 등 아는 사람만 만나면 돈 좀 빌려 달라는 소리가 자연스럽게 나오는 것이었다. 더러는 빌려 주기도 하고 더러는 거절당하기도 하고 오직 전 재산을 들여 만든 회사이기 때문에 어떻게 살려보겠다는 생각으로 사력을 다 했다.

그런데 시간이 흐를수록 자금 압박은 날로 심해지기만 했다. 마냥 놀면서도 직원들은 월급을 몇 개월씩 못 주어도 퇴사하는 사람 하나 없었다. 하긴 퇴사해봐야 갈 곳이 없으니까 당연한 일이지만. 하여튼 경제적 기반이 없는 나로서는 사업을 지속하기란 참으로 어려움을 느끼기 시작했다. 돈 문제를 제외하고는 대인관계나, 사업 수완, 성실도 등 비교적 나무랄 대가 없었다. 그랬던 관계로 어렵게나마 사업을 영위해 나갔다. 그러나 대다수의 시간을 돈과 결부하여 보내야만 했다. 대금 독촉 전화, 빚 독촉에 시달리고, 세금을 연체에 연체를 해 무는 것은 다반사고, 돈 빌리러 다니고, 채권 회수 하는데 더 많은 시간을 할애하고 한다면 그 회사의 운영 실태는 여기서 말하지 않아도 알 수 있는 사실이다. 사장의 대다수의 시간이 좀 더 생산적인데 몰두하고 신제품을 연구하고 회사를 성장시키는데 몰두하여야 할 사장이 돈에 얽매어 산다면 회사가 망하는 것은 당연한 사실이다.

최선을 다하여 그렇게 어려운 사업을 1년 정도 운영하고 있는데 나에게 좋은 조건의 제안이 들어 왔다. 상공부 산하 기관으로 기술 센터 하나를 그 당시 돈으로 19억(2004년 물가로 약 190억 원)의 예산으로 만드는데 그 센터를 운영관리하라는 제안이 들어왔다. 공장을 운영하기가 힘들고 어려웠는데 좋은 기회다 싶어 공장을 정리하기 시작했다. 사회적으로 심한 불경기였던 관계로 매각은 안 되고 공장을 분해하기에 이른 것이다. 공장을 정리하고 나니 갚을 돈은 다 갚아야 하고 받을 돈은 다 받지 못하는 지경에 이른 것이다. 다 정리하고나니 빚이 1,800만 원 정도가 되었다. 서울 변두리 집 한 채 값이 약 1,000~1,500만원, 연립주택 7~800만 원 정도이니 부채의 규모를 짐작할수 있다. 부채로 하여금 겪어야 했던 어려운 문제들은 다음에 거론하기로 하고 여기서는 사업과 관련된 자금 관리에 대해서만 이야기해 본다.

사업하다 망하면 주변 사람들로부터 신용도는 0퍼센트임은 말할 필요도 없지만 신용을 인정받지 못하는 속에서 많고 적은 수십 명의 빚쟁이들한테 쫓기는 것을 참기란 너무 힘든 것이다. 한동안 실업자가 되어 양식 걱정하며 구차한 생활을 하며 살던 어느 날 나는 아랫목에 누워서 생각에 잠긴 적이 있다. 그때 나는 자문자답을 했다.

문; 당신 왜 망했나요?

답; 모르겠다.

문; 남보다 배움이 적어서 실력이 없었나요?

답; 아니요, 당시 최고 학부 정규 대학원 산업기계 분야 석사 학위를 받았고 대기업에서 많은 경험도 쌓았습니다.

문; 그러면 게으르고 방탕하며 못된 짓(술, 여자, 도박 등)하며 살았나요?

답; 그런 일 전혀 없었으며 정말 부지런하고 열심히 일했습니다.

문; 그럼 낭비하고 살았나요?

답; 낭비? 잠깐 답을 할 수 없었다. 하여튼 돈이 없어서 망했다. 그때 번쩍 하고 얼마전 나한테 충고해 주던 친구 생각이 났다. "당신이(그때 유행 하던 말) 돈 병철(삼성그룹 이병철 회장님을 이르는 말)이 아들이야? 맨 날 택시 타고 다녀? 내 말 안 듣다가 당신 눈에서 피눈물 날거야." 정말 지금 내 눈에서 피눈물 나는 것이 아닌가 말이다. 그럼 택시비를 따져 보자. 3년 동안 택시비를 절약했으면 얼마나 했을까 말이다. 하루에 만원씩 절약하면(그 당시 매일 만원 이상 절약할 수 있었다.) 한 달에 30만원, 1년에 360만원, 3년에 1,080만원이란 돈의 여유로 인한 부수적 소득은 그만 두고라도 그 당시 돈 1,000만 원이 있었다면 돈 없다는 이유로 공장 문을 닫아야 할 이유가 조금도 없는 것이다.

이때 내가 시간은 돈이라는 생각을 잠깐 접고 깊은 생각에 잠기었다. 시간이 돈이라 하여 택시 타고 목적지에 가서 정말 시간을 절약 할 요량으로 일만보고 곧바로 다른 일을 했는지…. 사실상 그렇지 못 했다. 다방에서 한가롭게 커피도 마시고, 때로는 바둑 장기도 두고, 심지어 고스톱을 칠 때도 있었다. 그런 건 빈도가 약하니까 그만두고라도 정말 바빠서 택시 탈 정도로 촌음을 아껴 쓰지 못했다. 버스 타고 다녔어도 얼마든지 할 수 있는 일이었다. 그때야 비로소 깨닫기 시작했다. 택시비의 낭비 한 가지로 사업체의 운명이 좌우된다는 사실을 고려할 때 다방에서 커피 한 잔, 고급식당의 식사 한 그릇, 한 잔의 양주 등 낭비의 요소들에 대하여 한번쯤 고려해 볼만하다. 나는 이 사실을 깨달은 후 앞으로 무슨 사업을 하던 성공할 자신감을 얻고 눈빛을 번뜩이며 다시 일어날 희망찬 결심을 하게 된 것이다. 참고로 나한테 충고해 주었던 그 친구는 지금 2~300억쯤 되는 거부임을 자랑하고 있다. 지금 생각해 보면 당시 유류 파동 운운하지만 그 당시도 모든 사업가들이 다 망한 것은 아니기 때문에 어려워질 때를 대비하여 항상 절약하는 것이 사업을 성공으로 이끄는 길임을 밝혀 두는 것이다. 그 당시 어려움 속에서도 버텨온 동료 기업가들은 지금 중견 기업으로 다 성장하여 있는 것도 사실이다.

사업을 준비하는 젊은이들한테 마지막으로 당부하고 싶은 말은 자신을 과신(지나치게 믿는 것)하지 말고 항상 겸손하며 지독한 인내심을 기르고 열심히 일하고 검소함을 생활화하여야 한다. 여기서 검소함이란 사업가한테 얼마나 중요한 것인지 강조하기 위하여 에피소드 한 가지 소개할까 한다.

옛날에 문구류 업체로 잘 알려진 문구류 생산 업체가 있었는데 일명 회장님이셨다. 그 회장님은 약 20여 개의 중소기업이 입주해 있는 규모의 공장이 있고 그 앞에 4층 빌딩을 전부 임대 놓고 일부에서 자기의 사업체를 운영하는 자타가 부러워하는 소위 갑부에 속하는 분이었다. 그런데 그분의 점심 식사는 언제나 100

원(1981년) 짜리 빵 한 개와 우유 한 개였다. 하루는 심부름하던 경리 아가씨가 100원짜리 빵 하나가 너무 안타까운 심정에서 회장님을 생각한 나머지 200원짜리 빵을 사다 드렸다. 회장님이 버럭 화를 내면서 경리 아가씨한테 심하게 나무라는 말씀이 "네가 얼마나 부자여서 200원짜리 빵을 사 왔느냐?"고 얼마나 나무라는지 아가씨 찍찍 울면서 100원짜리로 바꾸어다 주는 것을 보았다. 그 소식을 들은 주변 사람들은 무어라 했을까. "해도 너무 한다"는 둥, "돈 모아서 죽을 때 가지고 가느냐"는 둥, 심지어는 "상대 못 할 수전노."라고 비웃는 사람, 야유하는 사람, 욕하는 사람, 해도 너무 한다는 사람, 별 사람 다 있었다는 사람. 필자도 당시는 비웃었다.

그러나 지금 나이가 들고 세상을 어느 정도 살아보니 생각이 달라졌다. 나는 사업가적 측면에서 이렇게 해석하고 싶다. 회장이 그렇게 검소한 생활을 하는 경우와 돈을 팍팍 쓰고 다니는 경우 둘로 놓고 비교하여 보자. 전자의 경우가 훨씬 현명한 처사라고 말할 수 있다.

그렇게 심한 수전노 밑에 고용된 직원들은 감히 작은 물건 하나 함부로 할 수 없고 작은 물건 하나라도 소중하게 여겨야만 할 것이다. 회장이 몸소 실천하는 검소함이야 말로 50여 명의 직원의 검소함을 부른다는 이치를 깨달아야 할 것이다. 회사의 전 직원이 회사의 물건을 절약하고 아낀다고 할 때 재정적 파급 효과는 대단한 것이다. 또 임대 들어 있는 사장님들 감히 임대료 미룰 생각이나 깎을 생각은 엄두나 낼 수 있겠나 말이다. 반대로 후자의 경우 사업가로서는 0점임을 알 수 있을 것이다. 그 회장님 집에 가서는 고급 음식에 질 높은 생활을 하지 않을까 생각이 된다. 회장님의 행동이야 말로 사업가가 가져야 할 필수적인 철학인 것이다. 필자는 세상을 살면서 남한테 욕먹지 않고 사는 방법은 열심히 일하고 돈 벌어서 남한테 베풀기만 하면 되는 줄 알았는데 그것이 아니더란 말입니다. '사람이 가지고 있는 그릇의 크기에 문제.'더란 말입니다. 많이 벌어서 크게 베푸는 경우와 적게 벌어서 적게 베푸는 경우가 있는데 전자의 경우가 훨씬 값있어 보이더란 말입니다. 그런데 돈을 많이 번다는데 얼마나 어떻게 많이 버느냐에 문제가 있는 것이다. 그런데 많이 벌어서 약간 써도 표시가 나지 않는 정도로 버는 사람들 보면 공통점이 있더란 말입니다. 돈을 버는 기간 동안 남한테 욕을 먹지 않고는 절대로 돈을 벌지 못 한다는 사실입니다. 돈 벌었다 하는 사람들 대다수가 보면 가혹하리 만큼 수전노 노릇하더란 말입니다. 여기서 남한테 욕을 먹지 않고 돈 모아 성공한 케이스 한 가지를 소개 해 봅니다.

필자가 1970년대 중반에 태평양 그룹의 한 회사에서 근무했는데 당시 직원 중 한 사람이 아주 특별한 경우로 성공한 경우가 있어 이를 여기서 소개 할까 한다. 학벌이 초등학교 졸업이 다였던 그는 시골에서 올라와 입사하여 창고과에서 제품 상차와 하차를 담당하는 말단 공원이었다. 이사람 자기 부인과 약속하기를 "여보 나는 배움도 없고 그렇다고 기술도 없고 든든한 백(back)도 없으니 우리가 남한테 무시당하지 않고 살려면 절약하는 수밖에 없으니 소득의 80 퍼센트를 저축하고 20퍼센트로 생활해야 하니 고생이 되더라도 참고 삽시다" 라고 했다. 부인도 열심히 모아서 잘 살자는 남편의 제안에 거절할 이유가 없어서 쾌히 승낙하고 절약 생활을 시작했다. 당시 20만원 받아 16만원 저축하고 4만원으로 살아야 했다. 남자는 매일 연장근로해야 했고, 동료들과 어울리는 술자리를 피해야 했고, 등산 낚시 등 취미 생활은커녕 부서에서 가는 야유회마저 포기하는 비참한 삶을 살아야 했다. 특히 시간외 수당이나 보너스를 받아도 80퍼센트 저축의 규칙은 철저히 지켜진 것이다. 그렇게 살고 있는 동안 주변 사람들의 비웃음은 독차지했다. 2~3년이 지나고 나니 상항이 바뀌었다. 당시 집을 산다, 전세 값 올린다 등 돈이 필요한 사람들은 다른 사람보다 그 사람한테 이야기하면 항상 돈이 있었다. 시간이 흐를수록 월급날 이변이 생기곤 했다. 다른 사람 월급봉투는 외상값이나 빌린 돈 등을 갚고 나면 얇아지는 반면에 이 사람 봉투는 이자며 빌려준 돈을 받아 챙기므로 자꾸 많아지는 것이다. 결국 저축하는 돈도 기하급수로 불어나고 생활도 조금씩 나아지는 것이다. 그러든 어느 날 약 5년쯤 뒤 돈이 있음을 알고 신갈부근

모처에 땅(1975년, 그 당시 밭) 500평을 5,000원씩 사라는 제안이 들어왔다. 다른 사람은 돈이 없어서 살 수 없었다. 그 땅을 사고 저축을 시작한 지 약 10년쯤 지나서 집도 사고, 땅도 있고, 시골에 논도 사 놓아 농사지어서 쌀이 올라오고 걱정 없이 살 수 있었다. 그때 부인이 신랑한테 말하기를 "여보 이제 월급 정도는 쓰고 살아도 되지 않겠느냐." 고 했다. 신랑이 말하기를 "3년만 더 모으자."고했다. 결국 부부싸움이 일어났는데 신랑의 승리로 끝이 났다. 다음날 출근하여 신랑이 생각에 잠겨 깊이 생각해 보니 결혼 후 죽도록 고생만 시킨 부인한테 미안하기만 했다. 이재 그만하고 호강시켜 줄 요량으로 집에 가서 부인한테 이제부터 당신 말대로 좀 쓰면서 살자고 했다. 부인의 대답이 모으는 재미도 쓰는 재미보다 행복했다면서 신랑 말대로 3년만 더 모으기로 했다. 그런데 다른 재산은 얼마나 모았는지 알 수 없고 500평의 땅이 어떻게 되었는지 말해 본다. 88올림픽이 끝나고 국가 기간산업이 급속도로 발전할 무렵 그 땅 옆으로 왕복 8차선 도로가 났다. 도시가 확장되어 생활의 중심이 되었다. 90년대 초반 땅값이 평당 250만원으로 치솟았다. 200평을 5억에 팔아서 나머지 300평 땅에다 건평 150평짜리 4층(600평) 빌딩을 지어 지금까지 보유하고 있다. 명실 공히 빌딩 주인이 된 것이다. 월세만도 몇 천 만원이 될 소득이 생길 그는 지금 어떤 생활을 할까는 독자들의 상상에 맡기기로 하고 여기서는 절약이 우리한테 주는 교훈과 그 결과

그리고 우리가 본받아야 할 사고방식 몇 가지 논해 보기로 한다.
 돈이란 그 값어치를 아는 사람한테 모인다고 했다. 복을 받는다는 것은 복을 받을 준비가 된 사람한테 복이 온다고 했다. 위에서 500평의 땅을 다른 사람은 돈이 없어서 사라고 해도 살 수 없었다. 이 사람은 준비가 되어 있음으로 기회가 온 것이다. 사업을 성공적으로 이끄는 사람이나 돈이 많은 사람들 보면 대다수가 절약이 몸에 배어 있는 것을 알 수 있다. 우리는 위에서 말한 경험을 거울삼아 '일 생동안에 새 번씩 온다.'는 기회를 기회가 오면 확실히 잡아야 한다. 기회가 온 줄 모르고 지나친다면 할 수 없으나 온 줄 알고서 떨치는 일은 없어야 할 것이다. 적어도 돈 문제에 관한 기회는 기회가 온 줄 알고서 잡으려 했으나 돈이 없어서 그냥 보내는 일이 있어서는 안 되는 것이다. 위에서 말한 빌딩 사장이야 절약 생활을 할 당시는 동료들로부터 비웃음을 받았으나 성공하고 난 뒤에는 마음만 먹으면 돈으로 많은 좋은 일을 하며 주변 사람들의 존경을 받으며 살 수 있을 것이다.
 이 책을 읽는 독자 여러분. 직장 생활을 하거나 사업을 하거나 경제적인 풍요를 누리고자 하거든 지금까지 강조해 온 자금관리 기법을 숙지하여 돈은 버는 것이 아니고 모으는 것이라는 사실을 명심하고 자기가 하는 일을 성공적으로 이끌어 남한테 도움을 받는 사람이 되지 말고 남을 도와주면서 사는 사람이 되기를 진심으로 바라는 바입니다.

참는 자에게 복이…

'참는 자에게 복이 온다.' 란 말은 성경의 한 구절로 생각이 된다. 우리가 일생을 살면서 수많은 일을 겪으며 사는데 그때마다 우리의 기분이나 행동은 천차만별로 반응하고 있다. 기분이 좋기도 하고 나쁘기도 하고 폭력을 쓰기도 하고 어루만지기도 하고 사랑하기도 하고, 미워하기도 하고, 울기도 하고, 웃기도 하고…. 각양각색으로 반응 하고 있다. 그러나 그런 반응들이 다른 사람한테 미치는 영향을 고려하여 자기의 생각과 다르게 반응해야 할 때가 자주 있다. 아니 거의 대다수라고 해도 과언이 아닐 것이다. 화가 나는데 참고 웃어야 할 때, 웃고 싶은데 울어야 할 때, 울고 싶은데 웃어야 할 때, 폭력 대신에 어루만진다거나, 대체로 참는다는 것은 남한테 자기의 반응을 전달할 때 자기의 뜻보다 상대방의 입장에서 행동한다는 것을 말한다. 쉽게 말하면 대체로 자기의 뜻에 반하여 행동하는 것을 참는다고 할 수 있다.

그러므로 참는다는 것은 웬만한 수양을 하지 않은 사람은 매우 어려운 일이다. 그러나 참는다는 것은 우리 일상의 성패를 좌우하는 아주 중요한 사안이기도 하다. 여기서 참는다는 것이 우리 일생에 어떤 영향을 미치는지 몇 가지 알아보기로 하자.

예수님께서 "왼뺨을 때리면 오른 뺨도 대주라."고 하듯이 참아야 된다는 것을 강조했다. 우선 돈 쓰고 싶은 것을 참고, 복수 하고 싶은 것을 참고, 화를 내야 할 때 참고, 직장을 그만 두고 싶을 때 참고, 먹고 싶을 때 참고, 배고픔을 참고, 우리의 오욕 칠정을 참는 것이 모두가 복을 받는 지름길임을 강조하는 의미에서 참지 못 함으로서 낭패 보는 몇 가지 예를 들어 볼까 한다.

대학교 때 사귄 한 친구가 있었다. 그 친구는 고등학교를 수석 입학 하여 1년간 학비 전액을 면제 받으며 다니고 퇴학하여 독학으로 검정고시 통과하여 국립 대학교 공과대학 기계과에 입학한 수재에 가까운 사람이였다. 60년 하반기는 기계과에 입학하기란 하늘에 별 따기였으니까. 그러던 친구가 대학을 졸업하고 당시 대한 조선공사에 입사 후 연락이 두절되었다. 필자 역시 생활에 얽매여 흥망성쇠 희비애락의 고초를 겪으며 정신없이 살던 40대 초반 어느 날 그 친구가 찾아왔다. 대학을 졸업하고 15년만에 만났으니 너무 반가웠다. 반가운 나머지 공식적인 인사를 나눈 뒤 나를 찾아온 동기를 이야기했다. 고등학교 때 알아 두었던 내가 살던 시골집에 가서 주소와 전화번호를 알아 나를 찾아온 것이다. 그만큼 찾아야 할 이유가 절실 했던 것이다. 나이 43살에 알거지(재산이라고는 전혀 없는 사람)가 된 그는 정말 실오라기라도 잡아야 할 형편이 된 것이다. 우선 그 친구의 과거사를 들어 봤다. 대학 졸업 후 직장을 많이 옮겼다. 대한조선공사, 현대자동차, 국제화학, 대한전선, 풍산금속, 한국자동기계 등 기억이 나는 굴지의 기업만 열거하였는데 여하튼 회사를 8번을 옮겼다고 했다. 능력도 있었지만 스카우트도 많이도 되었고 회사를 지나치게 많이 옮긴 것은 사실이다. 요즘 같으면 어림없는 일이지만. 나이는 들어가고 마지막 회사에서 자리를 잡지 못하고 스카우트 제의는 없고 급기야는 사업을 생각할 수밖에 없었다. 대전에 가서 책 도매상을 열어 1년 만에 알거지되어 살 길이 막막하여 친구를 찾은 것이다. 그 말을 묵묵히 듣던 나는 버럭 화가 났다. 그러나 묵묵히 생각에 잠기다가 입을 열었다. "나 친구로서 이런 말 하는 거야. 오해하더라도 할 수 없는 거니 들어다오. 너는 이 세상에서 무엇을 해도 망할 수밖에 없어. 네가 아무리 좋은 사업을 한다 해도 내가 돈이 썩어서 남아돌아도 너한테 투자는 안 하겠어. 투자하면 1년도 못가서 망할 것인데 왜 내가 너한테 투자하겠느냐 말이다. 너는 최고 학부를 나온 기계공학을 전공한 사람이 아니고 무학자인 농사꾼보다도 못한 사람이야. 농사꾼은 농사라도 잘 짓고 누구라도 자기가 잘하는 한 가지씩은 있는데 너한테는 잘하는 것이 아무것도 없단 말이야. 말만 기계공학을 전공했지

전문 분야가 없지 않느냐 말이지. 배 만드는 공장에 있다가, 자동차 공장에 있다가, 고무신 공장으로, 전선 공장으로, 동 파이프 공장으로, 기계공장등 여러 군데 다녔으니 한 가지도 전공 분야가 없지 않느냐 말이다. 무슨 이유가 되었든 한 회사에서 오랫동안 근무하지 못한 것은 참을성이 부족한 탓임에 틀림이 없는 것이다. 회사를 옮기게 된 이유가 여러 가지가 있겠으나 가령 동료들 간의 불화, 즉 대인관계의 불화, 업무의 시달림, 급료 문제 등 여하튼 참을성 없는데서 회사를 자주 옮기게 되는 것이다. 참지 못하고 회사를 자주 옮김으로써 자기한테 파생될 몇 가지 열거해 본다. 첫째 저축을 할 수가 없다. 이사 비용도 많이 나겠지만 새로운 환경에 적응하기 위하여 적지 않은 비용과 노력이 필요 할 것이며 자녀들 학교 문제도 쉽게 생각할 문제가 아니다. 둘째 회사에 적응하기가 쉽지 않다. 연봉을 많이 책정하고 좋은 조건에 스카우트 되어서 회사를 옮겼다 치더라도 본래 직원들처럼 자유 방만 하게 자기 능력을 펼치기란 어려움이 따를 것이다. 다시 말하면 텃세라는 것도 작용하여 어지간한 인내력으로는 참기 힘들 것이다. 결국 스카우트를 했던 상사들의 기대에 부흥하기란 거의 불가능하지 않겠는가. 결국 참지 못하는 성품이라면 또 회사를 옮길 것이며 점점 더 작은 회사를 찾아야 할 것이며 급기야는 갈 곳도 없어지는 결과를 가져 올 것이다. 그러므로 참는다는 것이 얼마나 중요한 것인지 짐작할 수 있을 것이다." 그 친구한테 그토록 심한 충고를 하여도 묵묵히 듣고만 있는 그를 보며 친구의 충고를 겸허히 받아들일 자세가 되었다는 판단하에 충고의 강도를 더 높여 보았다. 그동안에는 그간 살아온 그의 잘못에 대해서 꾸짖음이었지만 앞으로의 대책에 대해서 나의 견해를 말해 주었다. "너는 무엇을 해도 망할 것이니 수련이 필요한 거야. 포장마차나 하라. 그것밖에 할 것이 마무 것도 없단 말이야." 이 말에 설득력이 있도록 하기 위하여 말을 덧붙였다. "다이야몬드 보석이 어쩌다 흙탕물에 들어갔다고 치면 그 다이야몬드 보석은 보석으로의 기능은 잃었을지 몰라도 다이야 몬드로써의 가치는 보존되고 있다는 것이다. 네가 능력이 있고 유능한 인재라 치더라도 모든 것을 접어두고 좀 어렵고 힘든 직업에서 참을성 있게 한 3년은 고생을 감수해야 한다."면서 포장마차나 할 것을 권했다. "만약 포장마차를 한다면 리어카 준비할 비용 정도는 보조해 주겠다"고 했다. 지금 그가 형제간이나 친한 친구한테 가서 사업자금 대달라면 대 줄 사람 아무도 없을 것임을 생각하고 창업비용의 규모나 참을성 없는 그의 성품이나 여러 가지 정황을 따져 볼 때 가장 적격인 것이다. 그 당시 포장마차야 말로 사업하다 망한 사람 제기의 발판을 마련하는데 장점이 많은 것이다. 노력의 대가가 매일 현금으로 들어오고 술 취한 주정꾼의 뜻을 받아 주어야 하고 가족의 식생활은 거기서 해결되고 정말 근로의 참 뜻을 알게 하는 업종의 하나임은 틀림이 없다. 지금은 포장마차 하기가 장소 등의 제약을 받아 그리 쉬운 일은 아니지만 당시는 약간의 권리금으로 가능했기 때문이다. 그 뒤에 그 친구 계속적인 권유 등으로 결국 포장마차를 시작하여 재기의 발판을 만들어 성공한 경우로 아주 잘 살고 있지만 여기서는 다시 본론으로 돌아가기로 하고 다음에 기회 있으면 시작에서 성공하기까지의 이야기를 하기로 한다. 결국 참지 못함으로 인하여 온갖 시련을 겪은 지금까지의 이야기와 정 반대의 경우를 말해 볼까가 한다. 세상을 살다보면 항상 순조롭고 쉬운 일만 있는 것이 아니기 때문이다. 어렵고 힘들고 어떤 어려운 시련이 닥쳐도 묵묵히 참고 견딤으로 하여 성공한 경우의 예를 한 가지 소개할까 한다.

  대학교 때 친했던 한 친구가 있었는데 그는 상대 경제과를 나왔다. 가난한 농촌 집 막내로 태어나 형 밑에서 공부해야 했다. 부모와는 달리 형님인지라 학비를 제대로 타서 쓰지 못하는 어려움이 있었다. 그 형님이 시골에서 농사지으며 자기 자식도 못 가르치면서 막내 동생을 가르치기란 너무 어려운 일이기도 한 것이다. 아르바이트, 가정교사 등을 전전 긍긍하며 학교를 졸업하였는데 취직을 할 수가 없었다. 70년대 초반에도 일자리가 한정되어 있어서 공대 출신들 말고는 취업이 아주 힘든 때였다. 졸업 후 약 2년간을 취업을 못했으니 직장에 대한 갈망이 어느 정도임을 알 수 있을 것이다. 그렇게 갈망하던 중 어느 날 지방의 자그만 식품회사에 입사했다. 그렇게 갈망하며 어렵고 힘들게 언은 직장인지라 최선을 다하여 충성스럽게 열심히 일했다. 직장에서 일을 잘하고 못 하는 것은 공부 잘하는 것과는 별개의 것이다. 그 사람이 직장에 대한 애착심이 그리고 애사심이 어떤지에 따라 다른 것이다. 그 친구는 그 회사에서 6~7년 일했는데 그 회사가 대기업에 편입되고 새로운 경영진들이 들어왔다. 새로운 경영진들도 열심히 하는 그를 인정하기에 이르고 결국 그의 앞날에 밝은 등불이 밝혀지기 시작한 것이다. 직속상관 한 분이 승진하여 서울 모기업(그룹의 대표기업) 상무이사로 전근가면서 데리고 올라온 것이다. 결국 그는 그 회사의 여러 가지 보직을 두루 거치면서 영업이사로 25년의 직장 생활을 마감했으나 한 직장에서 평생을 보낸 결과인 것이다. 그는 지금 구로 구청 부근에 6층짜리 빌딩 하나 사서 한 달에 약 3천만원(2020년 기준)의 월세를 받으며 비교적 순탄한 생활을 하고 있는 것이다. 그 사람 25년 직장 생활에 어찌 화나는 일이 없고 좋은 일만 있겠는가. 참기 힘든 일이 많았을 것이다. 그 모든 어려움을 참고 견딘 결과는 정말 복받았음을 알 수 있다.

　우리는 이 두가지 예에서 참는 것과 참지 못하는 것의 차이점을 충분히 짐작할 수 있는 것이다. 돈 쓰고 싶은 것을 참고, 복수하고 싶은 것을 참고, 화나는 것을 참고, 사표 내고 싶은 것을 참고 하는 것이야말로 참으로 많은 수양이 필요한 것이다. '싸움에서 지는 것이 이기는 것'이란 말을 가끔씩 듣는다. 여기서 진다는 것은 맞설 수 있는데 맞서지 않고 일부러 진다는 뜻이다. 즉 참는다는 것이다. 누가 때린다면 참고 맞아준다면 때린 사람의 마음이 대다수 뉘우침으로 유도할 수 있으나 맞선다고 보면 더욱 더 화를 부를 것이다. 예수님께서는 '왼뺨을 때리면 오른뺨을 대주라'고 했는데 지금 신세대는 왼뺨을 때리면 오른뺨으로 맞서라는 말을 더 신뢰할 수 있을 것이다. 전자는 왼뺨 한 대 맞은 것으로 끝낼 수 있으나 후자의 경우는 더 큰 매를 부를 것이고 급기야 파멸에 이르기도 할 것이다. 필자는 여기서 참아야 하는 사례 몇 가지를 나열해 볼까 한다.

　말을 참아야 한다. 말은 한번 뱉으면 주워 담기 불가능 하다. 말은 참아두면 필요할 때는 언제라도 할 수 있기 때문이다. 말을 잘 못 하면 내가 손해보거나 상대방 또는 다른 사람에게 상처를 주는 일이 대다수이기 때문이다. 당장은 이로운 말이라도 다음 언젠가에 해로울 수 있는 것이 말이기도 하다. 그러므로 돈을 아껴 쓰듯이 말을 항상 아껴서 해야 할 것이다. 말의 폭력은 육신적 폭력보다 더 상처가 큰 것이다. 말을 참는다는 것은 상당한 수양이 필요하기도 하다. 그러므로 말을 함부로 하면 교양이 부족하다는 소리를 듣는다. 말을 하고자 할 때 한 걸음 물러서 한 번 더 생각해 보고 하는 습관이야 말로 참을성 있는 좋은 습관이라 말할 수 있는 것이다. 말을 참아서 덕본 경우의 예를 한 가지 소개한다.

본인이 경영하는 회사에서 어느 공사를 하기 위하여 견적을 4,450만원에 하여 가격을 조정하여 결정하려는 참이었는데 나는 4,000만원을 고집하되 최악의 경우 3,800만원까지 할 요량으로 면담에 임하였다. 심한 경쟁을 의식하였기 때문이다. 이런 저런 이야기를 하다가 상대편의 의향을 알 수가 없어서 의도하는 네고 가격(4,000만원)이 입 언저리에 맴돌았다. 그러나 인내심을 가지고 기다리는데 상대편에서 먼저 말했다. "4,200만원에 하십시오."라고 얼마나 다행한 일이며 말을 참아서 얻은 단편적인 예이다. 말을 참지 못하여 손해보는 일 한 가지 소개한다. 이것은 실화인데 관계인의 체면을 고려하여 이니셜을 사용하겠다.
　P라는 사람이 있었는데 누이동생을 L이란 사람한테 시집보냈다. 그런데 L의 어머님이 시장에 나와 자기 며느리를 지나치게 과장하여 헐뜯고 있었다. 마침 그 자리에 P의 장모님이 동석 하고 있었다. 한참 듣다보니 자기 사위네 집 이야기를 하고 있는 것이다. 그런데 거짓으로 과장된 터무니없는 비방임을 알 수 있었다. 자기 사위네 집은 그 사정을 자기도 잘 아는 아주 빈틈없는(나무랄 데 없는) 양반집이였기 때문이다. 하긴 비방을 하려거든 듣는 사람들을 재미있게 하려고 거짓을 꾸며 이야기할 수도 있겠으나 듣는 당사자한테는 터무니없는 거짓말인 것을 알고 있을 때 자기의 위상이 어찌 될 것인가. 말을 하고 싶어서 잠시도 견디지 못하고 무슨 말이든 해야만 하는 사람들의 전형적인 실수이기는

하지만 그 말이 P의 귀에 들어가고 L의 부인(자기 며느리) 귀에 들어가는 순간 어른 대접을 받기란 정말 어려운 것이다. 문론 그일 뿐 아니라 누적된 실수때문이겠지만 지금 며느리한테 사람취급 받지 못하고 살고 있다는 것이다. 필자도 총각 시절에 말을 최대한 아끼는 아가씨한테 장가 갔는데(웃음) 지금까지 후회하지 않고 잘 살고 있습니다. 독자 여러분, 말을 최대한 아껴서 좀 더 복된 삶을 살아가시기 원합니다. 참는다는 것은 인내한다는 말과도 뜻이 통하는데 여기서 참는 다는 것은 조금 의미를 축소하여 절제의 뜻이 있는 것이다. 인내는 무엇을 이루기 위하여 극한의 고통 등을 이겨내는 뜻일 것이다. 어려움이 있어도 참고 해야만 하는 인내와 안 해도 되는 것을 참고 안 하는 것을 구분하는 것이다. 참는다는 것은 배고픔을 참고, 돈쓰고 싶은 것을 참고, 말하고 싶은 것을 참고, 쾌락을 즐기는 것을 참고, 화나는 것을 참고 복수하는 것을 참는 즉 인간의 5욕7정을(선별적으로) 참는 것은 우리가 복을 받는 지름길임을 밝혀두고 싶다.

  참는다는 것이 얼마나 중요한지 한 가지 예를 더 들어 볼까한다. 필자가 30대 중반이었다. 어느 날 퇴근길에 버스를 타고 퇴근하는 길이다. 약간의 술에 얼근하게 취한 젊은이 둘이서 나의 뒷좌석에 앉아 이야기를 하고 있었다. 대화 내용을 간추려 보면 그들은 깡패 출신으로 혼란했던 자유당 시절에 부정한 돈이겠지만 매일 거액이(그 당시 대기업 과장인 내 월급이 8만원일 때 100만원씩이라

했다.) 생기는 때가 있었는데 매일 그 돈을 다 써버리는 시절이 있었는데 너무 쉽게 생긴 돈이라 너무 쉽게 써버린 것이다. 지금은 70년대 초반이라 군사정권이 깡패들 놔두지 않을 때라 그들의 소득이 있을 수 없을 때인데 잡혀가 감옥살고 나온지라 돈 한 푼이 없어 두 사람 호주머니 털어 소주 한 병 사서 안주 없이 나누어 마시고 나니 겨우 버스비 남겨서 집에 가고 있는 중이다. 술도 모자라고 자신들이 처량하여 뒤에서 이야기하는 내용의 줄거리이다. 그중 한 친구의 말이 기억에 남는다. "그 당시 매일 몇 백 만원씩 생길 때 하룻저녁만 술을 참았더라도 오늘날 긴요하게 쓰일 터인데 지금 이렇게 될 줄 누가 알았겠느냐"는 것이다. "참으로 철부지 없었지" "지금 정신 차려 보니 돈 벌기 너무 힘들고. 한숨." 그렇다, 여기서 필자의 생각을 말해 보면 쉽게 버는 돈은 쉽게 쓰인다는 것이다. 도둑질해서 부자된 사람이 없지 않은가. 남의 돈 집어가면 자기 것인데 부자가 되지 못하는 이유는 돈을 너무 쉽게 벌기 때문이다. 돈을 쉽게 벌기 때문에 돈의 소중함을 모르기 때문이다. 소위 조폭들도 마찬가지다. 업소에 다니면서 아무런 노력이나 투자도 없이 그냥 걷으면 돈이기 때문에 힘들여 돈을 벌 생각을 하지도 않고 돈의 소중함도 모르고 생기는 대로 써 버리는 것이다. 그러나 도둑이나 조폭의 행각이나 쓰리꾼들의 행각은 사회에서 지탄을 받아야 할 지극히 부조리하고 부도덕한 절대로 용납되어서는 안되는 일인 것이다. 그러므로 영구적인 직업이 될 수 없으며 심하면 감옥을 오가며 살기 때문에 인생이 파탄의 길로 걷기 마련이다. 그런 사람들의 대다수가 평생을 어둡게 살거나 떳떳하고 질 높은 삶을 살지 못 하는 경우가 대다수인 것이다. 이것도 자기의 위치와 사회 환경에 적응하지 못하고 다시 말하면 참지 못하는 데서 오는 비극이 아닐까 생각된다. 도둑이 되는 것도 쓰리꾼이 되는 것도 조폭이 되는 것도 모두가 참지 못하는 데서 시작되는 것이다. 특히 돈 쓰고 싶은 것 참지 못하면 도둑이 되고 바늘 도둑이 소 도둑 되고 남한테 얻어맞는 것 참지 못하면 깡패가 되기 쉬운 것이다. 그러므로 아이를 키울 때 공부를 일등하기보다는 이웃과 더불어 살 줄 아는 아이로 교육하는 것이 더욱 값진 교육이다. 엄청난 사 교육비를 들여 인위적으로 성적을 올리면 아이한테 뭣이 좋을까 생각해 보면 아무런 이익이 없다고 생각된다. 어린이 때 성적이 인생의 성패를 좌우한다는 공식이 없기 때문이다. 나는 우리에게 교훈이 될 만한 이야기 하나 소개할까 한다.

  우리 큰아이 다섯 살 때 부자로 잘 사시는 고모부가 오셨다. 그때 큰딸아이가 재롱을 귀엽게 떨고 있는데 고모부께서 나한테 하시는 말씀이 "얘야, 애기 예쁘다고 돈 주어서 제 발로 나가 뭣 사도록 하지 마라. 애가 무엇을 원하면(뭣 사 주고 싶으면) 직접 사다 줄 일이지 돈으로는 절대 주지 말라. 뜻이 있는 말이니 명심하라."고 하셨다. 그렇다 어릴 적에 돈 쓰는 습관 들이지 말라는 말이다. 무엇을 사는 습관이 들면 필요하지 않은 것도 자꾸만 사고 싶고 그때마다 돈을 주면 고칠 수 없는 습관으로 변하여 버린다. 세 살 버릇 여든 간다는데 그 습관을 버리지 못하면 커가면서 꼭 필요하지도 않은 것 사고 싶어서 돈이 필요하여 부모님 지갑에 손을 대고, 더 나아가서 집에 온 손님의 지갑에 손을 대고, 더 나아가 남의 집을 털고 결국은 전문 도둑으로 변하는 것이다. 어린이 교육에 얼마나 절대적인 영향을 미치겠는가. 어린이한테 돈이 생기면(세뱃 돈 등) 저축시키는 교육이 참 교육인 것이다. 이것도 어린이한테 참는 훈련을 시킨다고 보면 타당할 것이다.

참는다는 것은 우리 인생 일대에 참으로 중요함을 명심하여 삶을 더욱 윤택하게 업그레이드시켜 당신의 인생을 성공적으로 살아가시기 바랍니다.

선진사회의 문턱에서

　지금부터 약 50년 전 누가 뭐래도 우리나라는 후진국임을 자타가 공인했다. 그 당시의 삶이야말로 말할 수 없이 비참했다. 그러나 지금은 쓸 만한 물건들이 아낌없이 버려지고 해외로 골프 여행을 가는 것이 일상 생활화 되었다. 전자 기술은 진공관에서 트랜지스터로, 아나 로그 기술로, 디지털 기술로 발전하면서 사람이 기계의 감시를 받으며 행동에 제약을 받고 사람마다 핸드폰에 자가용이 있고 교통 요금결제를 가방한번 대면 되고, 돈을 주고받는 것도 수백리 멀리서도 핸드폰 한 통화로 가능하고 우리가 느끼지 못하고 누리는 편리함이지만 참으로 기술의 발전은 가히 하늘을 찌르고 남음이 있다. 산업의 발전 형태를 1차 산업, 2차 산업, 3차 산업으로 나뉘는데 다 아는 기본상식이지만 1차 산업은 농업이요, 2차 산업은 공업이요, 3차 산업은 서비스업으로 분류된다. 우리가 후진국임을 자인할 때는 농업국이었으며, 잘 살아보자고 열심히 노력하여 공업을 발전시켜 오늘날 경제적 부를 누리고 있는 것이다. 그런데 이제는 선진대열의 문턱에선 우리는 공업의 발전으로는 한계를 느끼기 시작했다. 선진국에 들어서면 단연 3차 산업으로 변하는 것은 당연한 것이다. 3차 산업이란 무역업, 해운업, 관광산업, 상업, 서비스업 등을 말하는데 젊은이들이 업종을 선택할 때에 참고하기를 바란다. 이것은 자연의 섭리에 따라 자연적으로 3차 산업이 육성되겠지만 이공계 지원율이 낮은 것을 보면 알 수 있다. 과거 농업에서 공업(2차 산업)으로 바뀌어가고 있을 때 공과 대학이 아주 인기가 많았다. 공과 대학생들 취업이 보장되고 할 일이 많기 때문이다. 지금은 공업의 시대는 지났음을 알 수 있지 않은가. 지금 시대에 이공계 지망을 유도하는 여러 가지 정책도 나오지만 전부 부질없는 일이다. 시대의 흐름과 사회적 조류는 거스를 수가 없기 때문이다. 이제 공업은 3D 업종에 분류되고 있는 것이다. 그렇다고 공과대학을 지망하면 전부 희망이 없다는 말은 절대 아니다. 발명특허, 우주 공학 노벨 과학상 성공할 수 있는 여지가 얼마든지 있기 때문이다. 여기서 말하는 것은 보통 사람들의 일반적인 이야기임을 말해둔다. 공과 대학을 전공한 필자도 초창기는 참 좋았었다. 그러나 시간이 흐르면서 인문계는 좋아지고 공과계는 시들어가는 것을 피부로 느끼며 살아 왔다. 지금 공부하는 젊은 이들한테 조언한다면 인문계든 자연계든 다 좋으나 처음 취업할 때는 3차 산업계통에 하는 것을 조언하고 싶다. 즉 무역업이나 교육, 관광, 판매, 레저 등 계통이 바람직하다 할 것 같다. 판단을 돕기 위하여 중소기업을 경영 하는 사장님들의 애환을 몇 가지 소개할까 한다.

　필자와 잘 아는 아주 부지런하고 성실한 사람이 있었다. 칭찬을 아무리 해도 부족함이 없는 성실한 사람이다. 아침에 출근하면 그날 스케줄 잡느라고 전화 몇 통화하고 가방 들고 나가면 명함을 하루에 100여장씩 뿌리고 커피, 술, 담배는 전혀 관심이 없는 모범된 사람이다. 버스 정거장 두 정거장 거리는 가방 들고 뛰는 그런 사람, 다방에 앉아 잡담이나 고스톱, 바둑, 장기 등 잡기는 전혀 모르는 그런 사람이다. 물론 그런 것이 다 칭찬만 할 일은 아니지만 부지런하고 성실함에는 틀림이 없는 사람이다. 80년대 초반인지라 지금보다는 비교적 기업하기가 좀 편한 때였다. 그가 사업을 시작할 때 부지런하고 성실함을 인정받아 여러 사람이 도와서 무난히 사업을 시작했다. 그의 열성에 힘입어 날로 번창했다. 시작한 지 4년쯤 되어 직원 수 50명의 비교적 큰 기업으로 성장했다. 급기야는 양재동에 4층 빌딩을 사서 건물 전체를 사옥으로 사용할 정도였다. 한 달의 물량이 당시로 5억 원에 이른 중견기업으로 자타가 부러워하는 기업이 된 것이다. 필자도 그가 창업할 때 그를 도왔으나 그는 힘차게 성장했고 나는 쇠퇴한 것이다. 실은 내가 사업을 정리하고 어려움에 처하여 헤매고 있을 때 그의 도움으로 재기의 발판을 마련하기도 했다. 그 이야기는 다음 기회에 하기로 하고 시간이 흐르고 시대가 바뀜에 따라 그의 경영 기법은 통하지 않았다. 88올림픽을 치루고 국민소득이 비약적으로 늘고 국민들의 생활패턴이 달라지면서 그의 기업은 어려워지기 시작했다. 종업원들의 단체 행동, 물가의 상승, 영업직원들의 나태함, 이 모든 것들이 회사의 적자 요인으로 작용했다. 사장은 적자임을 알면서 대책이 서질 않았다. 적자는 또 다른 적자를 부르는 것이다. 어음결제를 위하여 돈을 빌려야 했고 빌린 돈으로 이자를 갚고 돈 관리 하는데 시간 다 빼앗기고 직원들은 회사에 대한 애착이 식어가는 것이다. 월급날은 왜 이렇게 빨리도 돌아오는지 야속하기만 하고, 겨우 월급을 맞추어 월급을 주고나면 자기 집 생활비는 한 푼도 못 가져가고 어쩌다 집에 생활비 좀 주면 다음날 회사 운영비 없어서 다시 빼앗아가는 그런 생활의 연속이 중소기업 사장들의 실상인 것이다. 그런 줄도 모르고 남들은 사장님이라고 부러워하며 직원들은 속도 모르고 사장이 돈 벌어 치부하는 양 생각하고 분규 등을 일삼는 그런 세상이 된 것이다. 필자는 그런 와중에서도 어디 가면 돈 없다는 말도 못하고 좋은 일(가령 불우 이웃을 돕는다거나 공동으로 무슨 일을 해야 할 때 드는 비용 등)은 도맡아 해야 하는 중소기업 사장님들. 종업원이 많고 작고를 떠나서, 규모가 크고 작음을 떠나서 진실로 애국자들임을 강조하고 싶다. 결국 그 사장님 약속어음을 막지 못하고 부도를 냄으로 하여 집도 절도 없는 빈털털이가 되고 만 것이다. 나이 50에 거지가 되었으니 얼마나 한심한 일인가. 우리가 여기서 교훈으로 삼아야 할 몇 가지 고려해 보기로 한다. 그가 아무리 열심히 하고 부지런해도 회사가 어느 정도 커지면 혼자서 운영하는 것이 아니라는데 초점을 두어야 한다.

회사가 어느 정도 커지면 그때는 이미 자기 회사가 아님을 알아야 한다. 직원들 전체가 최선을 다할 수 있는 동기의 부여가 있어야 한다. 시대의 흐름에 따라 회사가 갈 길의 변화가 있어야 한다. 극단적인 예로 핸드폰이 보편화되어 있는 시대에 봉화나 파발을 통신수단으로 생각해서야 되겠느냐 말이다. 로버트가 공장을 돌리는데 사람의 손작업으로 경쟁할 수 없을 것이다. 시대가 공업에서 서비스업으로 바뀜에 따라 사람의 일손을 최대한 줄이고 장치산업으로 변경해야 하는 시대의 흐름을 읽지 못한 것이다. 소득 수준이 높아지고 선진대열에 접어들수록 회사가 세분화되고 소사장제(같은 회사 내에서 각 부서별 혹은 개인별로 별개의 회사로 세분하여 운영되는 형태.) 아웃 소싱(모든 일을 자체에서 해결하지 않고 전부 외주 처리하는 제도.)의 형태로 변하고 있음을 알아야 할 것이다. 결국은 가족끼리 한다거나 사람 수를 최대한 줄이는 것이 성공의 지름길이다. 그 사장이 사업을 망한 이유 중의 하나는 사업이 너무 쉽게 성장한데 있는 것이다. 쉽게 성장한 관계로, 사장이 심한 어려움을 겪지 않은 관계로 운영이 너무 자유 방만 했다. 모든 일을 너무 쉽게 결정짓는 단점이 있었던 것이다. 그러나 사장님의 탓으로 돌리기보다는 외적요인에 의한 것이 더 많다는 것을 알 수 있다. 시대의 흐름 즉 국가적 불경기, 유류파동, 노사분규, 부도를 맞는다는 등의 외적 요인에 의한 것이 더 많은 것이다. 그런 외적 요인이 있어 회사가 어려움에 접했을 때 회사의 어려움을 극복하기 위하여 얼마나 많은 노력을 하는지 직접 해 보지 않은 사람은 짐작조차 못할 것이다. 여기서 중소기업 사장님들 참된 애국자이며 존경받아 마땅하다는 말을 했는데 이를 확인하는 차원에서 예를 하나 더 들어볼까 한다.

사업을 하다 보면 부도내는 사람들을 많이 보고 그로 하여금 더불어 고생하는 사람들 도 많이 본다. 특히 우리는 몇 년 전 국가적 부도 위기를 겪은 때도 있다. 그때도 많은 기업이 더불어 부도 냈고 더불어 망한 기업도 많았으며, 살아남은 기업도 혹독한 고생을 치룬 경험이 있다. 부도를 내는 기업 중 일부러 정책적인 부도를 내는 악덕 기업도 있다. 어느 분야든 나쁜 사람은 있는 것이기 때문에 악덕 기업가의 이야기는 생략하고 여기서는 최선을 다하다가 하는 수 없이 부도내고 고생하는 사람 이야기만 하기로 한다.

필자가 잘 아는 교회 장로님 한 분이 계신다. P 라고 하는 패션 가구 회사이다. 이름을 대면 누구나 기억하는 유명한 회사였다. 불우 이웃 돕기 성금을 1 억 원씩 기탁하고 조정경기협회 회장을 지내면서 체육발전에 지대한 관심이 있으셨던 언론에도 오르내리는 유명 인사였었다. 200여 개의 대리점을 가지고 있는 유망하고도 건실한 회사였다. 그런데 어느 날 정부의 고위 관리가 왔다. 정부에서 200만호 아파트 건립 계획이 있는데 거기 들어갈 가구를 납품할 수 있겠느냐고 물었다. 거실장, 싱크대 등 기본으로 들어가야 할 가구만 계산해도 한 가구당 200만 원 씩만 계산해도 4조원에 이르니 시설을 두 배로 확장하라는 제안을 받았다. S 회장은 4조원의 매출을 꿈에 안고 200억 원을 투자할 계획을 세워 공사를 시작했다. 큰 꿈을 앉고 하는 공사이기 때문에 모든 자금력을 총동원했다. 약속어음도 최대한 발행하고 은행권의 융자도 최대한 활용했으며 심지어 소유 중인 부동산도 전부 팔기도 하고 친척들의 자금력도 모두 모아서 증설공사에 투입했다. 그런데 이게 웬말입니까? 대권의 2인자로 불리던 그(P. C. E)가 정권이 바뀌고 각종 비리에 연루되어 감옥에 가고 말았다. 차기 대권 운운하던 사람이 일순간 무너진 것이다. 사람의 앞날은 하나님 외에는 아무도 모를 일이다. 그러므로 교만하지 말고, 돈 있음을 자랑하지 말고 잘 났음을 자랑하지 말고, 항상 남을 존중하고 항상 미래를 위하여 준비하는 그런 교훈을 우리에게 주는 것이다. S회장님 하늘이 무너지는 근심과 걱정이 당도한 것이다. 근 20여 년을 갖은 고생을 겪으며 키워온 회사인데 일순간의 실수로 하루아침에 무너지게 생긴 것이다. 확장 중인 공사는 계속되어야 했고 자금 압박이 심해지기 시작했다. 평생을 고생하여 세운 회사 살려보려고 최선을 다하였으나 돌아오는 자금 압박은 견딜 수 없었다.

   결국 회사는 부도가 나고 말았다. 부도나면 자기 먹고 살 궁리는 하고 부도낸다는데 이 분은 그렇지 못했다. 부도나는 날까지도 그 부도를 막으려고 최선을 다하며 노력했기 때문이다. 결국 돈 한푼 없이 길바닥에 나앉고 말았다. 평생을 바쳐 노력한 산물인데 한순간 판단력 부족으로 하루아침에 거지가 되다니 재산의 가치로 200억 규모의 회사가 하루아침에 빈털털이가 되다니 기업가들이 얼마나 살얼음판을 걷고 있는지 짐작이 갈 것이다. 여기서 우리가 얻을 수 있는 교훈은 "돌다리도 두들겨 보고 건너라."는 속담과 같이 매사에 심중을 기하라는 것이다. 지금 시대는 모든 사람들이 모든 분야에 높은 실력과 경력으로 전문화되어 있어 즉 어수룩한 곳이 없어 한 번 망하면 다시 이루기는 불가능하기 때문이다. 또 한 가지 교훈은 돈 벌이가 쉽게 될 만한 일거리에는 항상 함정이 있다는 것을 명심하라. 사기꾼이 사기를 치고자 할 때 언제나 좋은 조건을 제시하는 것과 같이 조건이 좋은 일에는 사기당할 가능성이 많다는 것이다. 특히 상식을 벗어나는 조건은 피하는 것이 상책임을 명심하라. 예를 들어 정부에서 발표한 200만호 건설에 아무리 정부 고위 관리라 하지만 거기 들어가는 가구 전부를 한 업체에 밀어주는 것은 납득할 수 없는 불가능한 일이다. 또한 밀어줄 수 있다 해도 부조리하고 부도덕한 일이다. 사업을 하는데 부도덕한 일로는 절대로 성공 할 수 없음을 명심해야 한다. 어디까지나 사업은 당당하게 해야 대성할 수 있다. 내야 할 세금 다 내고 남의 돈 잘 갚아주고 다른 사람의 입장을 고려하면서 커 나가는 사업이야 말로 대성할 수 있는 것이다. 남의 입장 고려하지 않고 자기 이익만을 고집하는 사람은 사업의 생명은 길어질지 모르나 대기업으로 성장하는 것은 절대로 불가능함을 알아야 한다. P회사의 S회장님도 정경 유착의 부조리함을 믿고 확장에 대한 유혹에서 한번쯤 참을성을 발휘하여 심사숙고 했더라면 실패의 올가미에서 벗어났을 것입니다. 지금 S 회장님은 재기하기 위하여 안간 힘을 다 쏟으며 갖은 노력을 다 하고 계시다. 그러나 과거의 화려했던 영광의 시절을 되새기며 어려운 삶을 살아가고 있다.

  결론적으로 이 회장님은 사업에 실패하기 약 20년 쯤 전 처음 창업을 하여 1978년경부터 사업을 이루겠다는 신념으로 자기 집엔 생활비 한번 제대로 가져다주지 못하고 어쩌다 마음먹고 생활비 한번 주면 다음날 회사경비가 없어 다시 빼앗아 가기를 반복하며 사는 것은 기업하는 사람이면 누구나 다 아는 사실인 것이다. 겉에서 보기엔 존경받는 사장님, 누구나 동경하는 사장님, 한번쯤 되어 보고 싶은 사장님, 돈이 많을 것 같은 사장님, 하지만 실제로는 대체로 돈 없어 쫓겨다니는 사장님, 어쩔 수 없이 하는 사장님, 겉으로만 좋은 사장님, 돈이 없어도 있는 척 하며 살아야 하는 사장님, 사업체가 크고 작음에 관계없이 항상 고민에 쌓인 사장님임을 생각 할 때 사장하고 싶은 사람 아무도 없을 것이다. 사장님들 터무니없이 매도하는 것 같아 죄송하지만 물론 예외는 있습니다만 대다수가 상기와 같이 힘들게 경영하기 때문에 감히 사장님들 기업이 크고 작음을 막론하고 존경스러운 애국자들이라고 말하는 바이다. 중소기업하는 사장님들 잘 나가는 기업이나 그렇지 못한 기업을 막론하고 사장 때려치운다고 하면서 때려치우면 마땅히 할 일도 없고 배운 것이 도둑이라고 하는 수 없이 끌고 나간다는 생각 안 해 본 사람 없을 것이다.

하여튼 중소기업 사장님들, 사장 소리 듣는 것 말고는 갖은 고생 다 하면서도 묵묵히 기업을 끌고 나감에 대하여 진심으로 찬사를 보냅니다.

대망을 품고 자기 개발을

　우리 인간의 존재가 무엇인지 이 우주상에 어느 위치에 있는지 한번 알아보자. 우주에는 먼저 태양계가 있고, 태양계에는 지구를 포함하여 수성 목성 금성 등 여러 위성들이 있고, 태양계 밖에 또 다른 수많은 태양계가 있고, 그들을 감싸고 있는 우리가 흔히 말하는 은하수라고 하는 은하계라는 것이 있고, 은하계 밖에 또 다른 은하계가 있다는데. 과연 우주에서 지구의 존재는 무엇이란 말인가. 빛이 일초 동안에 30만 킬로미터 간다는데 빛이 태양에서 지구까지 오는데 8분 30몇 초 걸린다면 얼마나 먼 거리일까. 그렇게 먼 곳에서 빛과 열을 보내어 우리의 생명을 지켜주는 태양은 얼마나 클까. 그런 무한대의 우주를 지구만 하다면 지구는 밀가루 하나만도 못 할 것이다. 그렇게 작은 지구에 사는 우리 인간의 존재는 어떠할까. 그렇게 작은 지구에 60억 인구가 살고 있고 그 한쪽에 우리나라가 있으며 그중에 인구밀도가 제일 많은 도시가 서울이다. 우리나라 서울에 만 1,300만 명이 살고 있고, 또한 지구를 농구공에 비한다면 우리나라는 남북한 합쳐서 동전만한데 그 동전도 반으로 갈려 있다. 우리 인간이 과학이 발전하여 모든 것을 지배하는 것처럼 착각하지만 과학의 힘으로 극복할 수 없는 일이 얼마나 많은가. 지구나 우주가 크다면 작게는 동물이나 곤충이 있고 더 작게는 미생물이나 박테리아 나 바이러스 등 눈으로 확인 안 되는 물체도 얼마든지 있다. 그렇다고 보면 인간의 힘으로 통제가 가능한 것은 수 억분의 일도 안 될 것이다. 그렇게 보면 인간도 아주 작은 미물에 지나지 않은 것이다. 조금 더 생각해 보면 파리나 모기도 마음대로 통제할 수 있는가 말이다. 암 등 극복하지 못한 각종 질병도 얼마나 많은 것인가. 그러므로 과학의 힘 즉 인간의 힘으로 안 되는 일이 많기 때문에 각종 신을 존중하고 하나님을 믿고 기도하고 하는 것이다. 그러고 보면 우리 인간은 그야말로 보잘 것 없는 미약한 존재이다. 그러므로 잘난 체 하기보다 항상 겸손하며 자신의 미약함을 인정하고 신의 힘을 빌리어 사는 것이 인간의 본성이 아닌가 생각된다. 우리 국민들의 처지를 살펴보면 작은 땅에서 남과 북으로 갈려서 대치하고 땅이 비좁아 좁은 땅에서 세계 제일의 인구 밀도를 자랑하며 살고 있다. 지금은 다르지만 과거에는 북한에 막히고 중국에 막히고 일본에 막혀서 그야말로 폐쇄된 작은 섬에서 살아온 국민성이다. 넓고 광활한 평야에 열차를 타고 15일을 가야 고향을 가고 비행기로 씨앗을 뿌리는 넓은 땅에서 사는 사람들과 달리 열차로 몇 시간이면 어디라도 다 갈 수 있는 좁은 땅에서 그야말로 우물 안의 개구리 식으로 살았으니 스케일이 작고 성질이 급하고 쉽게 화내고 잘 참지 못하는 국민성을 가진 것이다. 필자는 여기서 젊은 독자들에게 작은 것에 집착하지 말고 스케일을 크게 가지고 자기 개발의 영역을 넓혀서 저 넓은 세계를 향하여 미약한 인간의 힘이나마 크게 펼쳐보기를 바라는 마음으로 몇 마디 제안을 해본다.

필자가 70년대 중반 일본에서 1년쯤 공부하고 있을 때의 일이다. 초등학생들이 비행기를 타고 미국으로 수학여행을 가느라 미국행 비행기 표가 매진된 것을 보았다. 그 때 산이나 바다를 찾던 우리 학생들과의 차이를 생각해 보면 참으로 격세지감이 생기는 것이다. 어린 학생들이 비행기를 타고 넓고 큰 나라, 발전된 나라에 가서 보고 배우는 것에 비하여 산이나 바다에 가서 놀다오는 우리 학생들과의 교육의 질을 생각하면 참으로 큰 차이를 느낄 수 있는 것이다. 당시야 경제적인 여건이 되지 않는다 치더라도 이젠 우리도 어린 학생들에게 서울의 경복궁 보다 중국의 자금성을 보여 주는 여유를 가져야 할 것이다. 지금 정치가 혼란하다. 조금 방향이 바뀌지만 정치에 대한 나의 소견을 말 해본다. 작은 나라에서 전라도와 경상도가 분리되고 경상도에서 대권을 잡으면 전라도 사람들 출세 길 막히고 반대로 전라도에서 잡으면 경상도 사람 진급 안 되고 패를 갈라 정치하는 판에 수도권 사람들 불만 터지는 졸장부들의 정치 이젠 그만 했으면 좋겠다. 다음 2024년 4월 총선 때는 국회의원 한번 이라도 해본 사람은 국회로 보내지 말고 전혀 새로운 사람으로 전부 교체하는 그야말로 국민의 힘으로 물갈이 했으면 얼마나 좋을까 하고 기대해 본다. 정치인들은 세계를 재패하는 국익을 위하여 노력하고 우리의 기업들이 전 세계를 누비고 학생들은 더 큰 세계를 공부하고 근로자들은 사명감으로 열심히 일하여 제일의 선진국으로 매진하는 신바람나는 국가가 되었으면 참 좋겠다. 정치쪽에는 문외한이라 말을 바꾸어 본다. 비좁은 땅에서 인구밀도가 높아 치열한 경쟁 속에서 처지지 않고 살아남기란 참으로 힘겨운 일이 아닐 수 없다.

   그러나 치열한 생존 경쟁을 하는 때문에 열심히 일하고 연구하여 이만한 발전을 했다는 생각이 들지만 심한 경쟁 속에서 살아남기 위하여 자기를 개발하고 자기 발전을 도모하는 일도 값진 일이 아닐까 싶다. 나는 여기서 어릴 적에 공부하던 이야기를 해 볼까 한다.

   필자는 다섯 살(만으로 4세) 때 형들 따라 서당에 가서 훈장 선생님(한문을 가르치는 선생님) 무릎에 앉아 천자문을 외우는 형들 따라 흥얼거리며 외운 것이 처음부터 끝까지 한 자도 안 틀리고 다 외운 일이 기억난다. 신동이 났다며 동내가 떠들썩 했다. 여섯 살에 6.25전쟁이 나고 3년간 골목대장 집안일 심부름 특히 금전판(사금을 캐는 공사판)에 나가 하루에 60원씩 받고(1952년 화폐 개혁 전의 돈으로 당시 쌀 한 말에 600원) 품 팔던 일이 생생하다. 당시 하루 노동 시간은 새벽 4시에 나가 5시부터 3시간 일하고 아침식사 하고 오후 7시까지 일하는 상상을 불허하는 중노동이었다. 7~8살의 어린이들이 하루 종일 감 석을(금가루가 들어 있는 흙) 지게로 져 나르는 것을 보는 어른들은 집에 가서 엄마 젖이나 먹지 뭐 하러 나왔느냐고 하던 말이 귓가에 선하다. 10일간의 품삯으로 아버지 한복 바지 하나 해 드리고 기뻐했던 거짓말 같은 사실도 있다. 당시 보릿고개(겨울에 보리 나오기 직전 쌀은 떨어지고 양식이 없을 때를 말함)를 겪으며 일하지 않으면 죽는 줄 알던 그 때 풀(쑥이나 봄나물 독세풀이나 보리풀 등)죽을 먹으며 중노동 하던 그 때 전쟁 때문에 밤에는 인민군이 낮에는 국군이 어른들 잡아다 죽이고 그야말로 처참했던 그 시절 생명을 유지하기 위한 처절한 싸움이었다. 전쟁이 끝나고 아홉 살에 국민학교(지금 초등학교) 에 입학하니 1학년 학생이 일곱 살에서 열여덟 살까지 있었다. 초등학교 동기가 나보다 아홉 살이나 많은 사람이 많다. 초등학교 졸업하든 해에 결혼한 여자 동기 동창들이 몇 명이 있었다. 지금 생각해 보면 TV에서 지구탐험 프로에 나오는 아프리카의 미개한 나라와 조금도 다를 바 없다. 가끔 TV프로 에서 아프리카 미개한 사람들 소개 할 때 과거에 짚신신고 나막신 신던 시절의 향수에 젖어 보면 맨

발로 살던 기억이 선하고 까만 고무신은 다섯 살 무렵 처음으로 접했었다. 당시만도 도시와 농촌의 차이가 있으리라 믿으나 시골 사는 나로서는 다섯 살에 고무신을 처음 접했다. 처음 신어보는 고무신 얼마나 좋은지 고무신 손에 들고 맨발로 다니던 천진난만한 그 시절에도 나름대로 행복함도 있었다. 국민 학교를 졸업하고 농촌에서 농사일을 거들었다. 처음 3년쯤은 주어진 운명이려니 하고 농사일에 열중했었다. 다섯 살에 천자문을 외우고 국민 학교 때 6년간 우등상을 타고 주변에서 신동이라 불리던 내가 농사꾼으로 전락하여 책가방 들고 학교 다니는 친구들을 바라보며 심사가 비뚤어지기 시작했다. 일도 안 하고 술이나 먹고 지금말로 골통을 부린 것이다. 이 소문을 들은 동네 어른 중 면사무소에 근무하는 한 분이 있었는데 신문 광고를 오려다 주며 통신 강의록으로 독학을 하여 검정고시를 보라는 것이다. 지금 생각하면 그때 그분이 지금의 나를 만든 은인이기도 하다. 그때가 나이 18세 되던 해 초가을 이다. 4개월 공부하여 12월에 검정고시에 응시했다. 11 과목 중 여섯 과목 합격하고 다섯 과목 불합격이다. 다음해에 1 년간 공부해서 나머지 합격하여 검정고시 합격하고 고등학교 응시하여 합격함으로 드디어 고등학생이 된 것이다. 정말로 그리워하던 학생신분으로 학생복에 학생 모자를 쓰고 책가방을 든 그리워하던 학생신분. 너무나 기쁜 그 기분 지금 학생들은 알 수 없을 것이다. 농촌에서 죽도록 일하던 사람이 공부하라니 그리 쉬운 일이 어데 있겠는가. 예습 복습 열심히 하여 일학년 5월 달에 신입생 학력고사에 서 480명 중 일등의 영예를 안았다. 그때부터 가정교사 자리가 나와 입주하여 숙식을 해결할 수 있었다. 나는 가정교사의 자격으로 그 집에 입주하여 중학교 일학년 학생을 지도하며 학교에 다녔다. 참으로 힘든 학창 시절이었음을 알 수 있다. 이런 이야기를 하는 이유는 지금도 어려움에 처한 학생들이 있을 것인데 이 어려움에 대하여 좌절하지 말고 미래를 향한 큰 꿈을 안고 미래의 희망을 펼쳐나가기를 바라면서 어려웠던 학창시절을 말해 본 것이다. 공부도 때가 있다는데 한번 기회를 잃으면 다시 잡을 수 없음을 명심하고 주어진 조건이 남보다 못할지라도 대망을 품고 최선을 다 하면 반드시 희망찬 내일이 기다리고 있음을 명심하기 바란다. 말을 바꾸어 우리 형제들의 면학 분위기와 성취도에 대해서 몇 마디 소개할까 한다.

나는 5남 2녀 중 둘째이다. 형님은 서당에 다니다가 전쟁이 끝난 후 초등학교를 5학년 2학기로 입학했다. 나보다 3살 위인 형님은 2년 선배였다. 형님도 국민학교 졸업 후 2년간 농사일 거들다가 산골에 있는 중학교에 3학년으로 편입하여 1년 다닌 후 전주 고등학교에 합격했다. 내가 검정고시 준비할 때 고교 입학시험 문제집 일곱 권을 형님이 가정교사 집에서 추석 선물로 양말 사 신으라고 주는 돈으로 사다 주신 것이다. 가난한 농부의 아들들이었지만 형제간의 우애를 학인해 주는 일이있었다. 3살 아래인 아우 역시 검정고시로 중학교 과정을 마쳤다.

　동생들 가르치는데 도움을 주겠다고 공군사관 학교에 들어가신 형님이 존경스러웠고 그 형님이 공군 조종사로 임관하여 인하공대 건축과에 다니는 아우(셋째)의 등록금을 전액 책임지고 둘째가 넷째의 학비를 책임지고, 셋째가 막내의 학비를 책임진 참으로 형제간의 우애의 극치를 이룬 것이다. 대학원은 스스로 해결하여

　첫째는 공군대령 예편하여 민항기 기장을,

　둘째는 기계공학 석사,

　셋째는 건축공학 기술사,

　넷째는 경제학 석사, 막내는 미국에서 레저 물리학 박사로 미국에 살고 있다. 참으로 감사한 분은 어려운 농사일을 하시면서도 우리의 면학 분위기의 기본이 되어 주신 부모님이시다. 5형제를 모두 높은 공부시킨다며 주면 사람들로부터 존경심과 함께 칭찬 받음을 기쁨으로 삼으시는 아버님은 과히 쾌걸이심에 틀림없으시다. 자기도 고생하면서 형제들을 위하여 조금씩 희생하여 모두가 대학원 이상의 학력을 소유 할 수 있었던 일은 현재로서는 찾아보기 힘든 일인 것이다. 특히나 학벌을 중요시 하는 우리나라 현실 사회에서 모두가 수준 높은 삶을 살 수 있었던 것이다.

　이 책을 읽는 독자 여러분 사회가 발전하고 시대가 변함에 따

라 높은 학벌을 우대하는 풍토도 바뀌어 가겠지만 배움도 때가 있는 것이니 기회를 놓치지 말고 아무리 어려움이 밀려오더라도 모두를 극복하고 열심히 노력하여 대망의 꿈을 실현하여 짧은 자기의 일생을 아름답게 수 놓아가기 바랍니다.

창업에 관한 제언

　우리가 세상을 살다 보면 상상을 불허하는 여러 가지의 다양한 직업이 있음을 알 수 있다. 분류하여 보면 크게는 두 가지로 나뉘어 진다. 하나는 남의 사업장에서 일해 주고 월급을 받는 월급쟁이와 자기 사업을 경영하는 사업가로 구분지어질 수 있다. 그렇게 많은 직업에 종사하는 대다수의 사람들이 자기의 직업에 만족하는 사람을 보기란 극히 드문 일이다. 각종 직업마다 장단점은 있으나 대체로 남의 직업은 좋아보이고 자기 직업은 힘들고 괴로워보이는 것도 당연한 것이다. 월급을 받으며 사는 사람들은 고정된 월급으로 살아가야 하기 때문에 좀 부족함을 느끼기는 하나 안정된 삶을 살 수 있다는 것이 장점이라면, 자영업자나 사업가는 큰돈을 벌수도 있는 반면에 망할 수도 있는 불규칙하고 불안한 삶을 살아야 하는 단점이 있기도 하다. 대다수의 직장인들은 직장에서 일이 잘 풀리지 않을 때는 항상 사업을 꿈꾸는 사람이 대다수인데 아무런 준비도 없이 너무 쉽게 사업전선에 뛰어드는 일이 없도록 하기 위하여 창업에 관한 몇 가지 제언을 하고자 한다. 사업을 하려거든 덕을 쌓아야 한다는 말은 이미 말한바 있으나 덕을 쌓는 것 이외에 준비하여야 할 사항들이 많은 것이다. 기업의 네 가지 요소인 노동, 자본, 자연, 경영 중의 하나인 자본에 비중을 두어 말해 볼까 한다. 우선 기업의 목적을 들라면 '돈 벌기 위하여.' 라고 말하게 된다.

  창업을 준비 하는 사람한테 준비할 사안으로써 자본은 매우 중요한 부분을 차지하게 된다. 자본은 신용 관리에 있어서 매우 중요한 역할을 하는 것이다. 자금의 유무가 곧 신용의 유무인 것이다. 사업에서 신용을 잃으면 그 사업은 생명을 다한 것이다. 그러므로 창업을 하기 전 준비하여야 할 자금은 충분할수록 좋은 것이다. 여기서 어느 정도냐고 묻는다면 창업을 하는데 드는 비용 말고 운영 자금으로 1 회전 이상의 기간이 필요한 것이다. 1회전 하면 몇 개월이냐 하는 것은 업종에 따라 다르지만 음식점 등은 당일에 회전이 되고 물건을 납품하여 2개월의 결제 기간을 거쳐 3개월짜리 어음을 받았다면 대략 5~6개월이 된다. 특히 금형 공장이라면 주문 받아 금형 제작기간이 1~2개월 걸리고 시험작업에서 1개월 걸리면 제작완료에 3개월 걸리고 결제기간이 1~2개월 걸리고 3개월짜리 어음 받는다면 쉽게 계산하여 1회전이 8개월이 되는 셈이다. 가령 주문을 받은 날부터 8개월 후에 돈을 만질 수 있는 업종이라면 최소한 8개월간의 운영 자금이 필요한 것이다. 창업을 하기 전 창업하고자 하는 업종의 자금 회전 기간이 어느 정도인가 엄밀히 계산하여 보고 거기에 맞는 충분한 운영자금을 준비해야 하는 것이다. 사업을 해서 성공하려면 신용을 생명으로 알아야 한다. 신용을 잃으면 그 사업은 이미 생명을 다한 것이다. 이 점을 감안하여 창업 전 자금으로 인하여 신용을 잃지 않을 정도의 충분한 자금이 필요한 것이다. 필자는 창업 전 운영자금은 자금 동원 능력을 포함해서 2회전 이상의 자금을 준비하여 야 할 것이다. 그러므로 음식 등 먹는 장사가 비교적 쉽다는 말은 자금회전이 빠르다는 이유에서 나온 것이다.

　결국 창업을 하려 할 때 자금의 회전력을 중요시해야 하지만 그에 못지않게 사회적인 여건이 중요한 것이다. 경기의 불경기냐 호경기냐를 따지는 것이 아니고 예를 들면 아나 로그 시대에 진공관을 들고 나와서야 되겠느냐 말이다. 극단적으로 말하면 자가용 시대에 리어카 공장을 해서는 안 된다는 말이다. 시대의 조류에 걸맞는 업종을 택해야 하는 것이다. 사회가 발전하고 국민소득이 높아질수록 3차 산업으로 변하여 간다는 것이다. 국민소득이 3만불 시대에 기능성 신발 대신 짚신을 만든다면 사업이 될 리가 없다. 시대에 걸맞는 업종을 선택하는 것이 중요한 것이다.

풍요로운 삶을 위한 마음가짐

 가정을 천국으로 만드는 마음가짐이 필요한데 그러자면 좋은 생각을 많이 하고, 좋은 말을 먼저 하고, 좋은 일 만을 골라서 하고, 항상 밝은 마음과 밝은 얼굴을 가지고 잠시라도 짬을 내어 가족들과 밝은 대화를 나누라. 지금 당장은 어렵더라도 온 가족이 마음을 합해 밝은 미래를 꿈꾸어 나갈 때 그 가정은 좋은 미래가 보장되는 것이다. 가정을 천국으로 만들기 위한 몇 가지 행동 지침을 열거해 볼까 한다.
 1. 효도를 받고자 하거든 자기가 먼저 어른을 공경하는 모범을 보이라.
 2. 자녀에게 공부하기를 강요하기 보다는 부모부터 자녀 앞에서 책을 읽고 공부하는 모습을 보이는 것이 공부하는 가정의 풍토를 조성하는 것이다.
 3. 항상 검소하고 부지런하여 자녀 앞에서 누워 있는 모습을 함

부로 보이지 말라. 은연중에 개으름을 조장하게 된다.
4. 가족 간의 약속은 반드시 지켜라. 자녀들이 원 하는 것을 다 들어 주지 말고 들어 줄 수 없는 경우 야단치기 보다는 들어 줄 수 없는 이유를 설명해 주라.
5. 자녀에게 함부로 매질하지 말고 훈계는 엄격하게 하되 지나치게 자주하지 말라.
6. 자녀의 생각을 존중 할 줄 알아야 하고 자녀를 남과 비교 하지 말고 자녀 앞에서 타인의 흉을 보거나 부부 싸움 하지 말고 의연한 가장의 모습을 보이라.

가정에서 대화가 있고 밝은 미래가 보장된 그야말로 자신의 작은 천국을 영위해 나가는 멋진 사람은 가정에서는 자상하고 상양해야하고 자기 미래에 대한 도전 정신을 가지고 자기의 개발을 열심히 하고 자녀들에게는 자신감과 용기를 심어주는 그런 사람이 되기 위하여 노력하는 사람이다. 삶을 풍요롭게 하는 멋진 사람이 되려면 다음과 같은 사람이 되어 야 할 것이다. 대인 관계는 정중하고 겸손하며 사회생활에서는 성실하고 정직해야 하고 상대편에 신뢰감을 주고 협력을 이끌어 낼 줄 아는 능력이야 말로 사업이나 자신의 삶을 성공적으로 이끌어가는 비결인 것이다. 이웃을 배려 할 줄 알고 약자와 불우한 이웃을 긍휼이 여기고 그들에게 사랑을 베푸는 그런 사람이야 말로 정말 예수님처럼 살려고 하는 정말로 멋진 삶을 살아가는 사람인 것이다. 잘되는 사람을 진정으로 축하해 주고 참회 하는 사람을 너그럽게 용서하고 가족과 주변사람에게 예수님의 향기를 발 하는 그런 사람도 참으로 멋진 사람인 것이다. 또한 내가 생각하는 멋진 사람은 때로는 실패해도 좌절하거나 포기하지 않고 희망의 싹을 틔우는 그런 사람, 가족과 친지에게 용기를 주며 미래를 향해 힘차게 재도전 하는 그런 사람이 정말 멋지고 훌륭한 사람인 것이다. 필자가 생각하는 더욱 멋진 사람은 이 세상 태어나서 일생을 살았음으로 해서 태어나기 전보다 좀 더 살기 좋고 아름다운 세상으로 만들어 다른 사람들이 좀 더 행복한 삶을 누리도록 자기 일생의 자취를 남긴다면 더욱 멋진 사람일 것 이다. 에디슨이 전기를 만들고 라이트 형제가 비행기를 만들고 이렇게 큰일을 하면 더욱 좋겠지만 능력과 주어진 환경과 여건 속에서 최선을 다하여 사회에 공헌 하는 일 이야 말로 참으로 중요한 일이 아닐까 생각한다. 사회에서 없어도 될 그런 사람보다 없어서는 안 될 그런 사람이 된다면 그 사람이 바로 멋진 삶을 살아가는 사람인 것이다.

감사할 줄 아는 삶

 하나님은 우리가 '별빛 같은 은혜에 감사하면 달빛 같은 은혜를 주시고, 달빛 같은 은혜에 감사하면 햇빛 같은 은혜를 주신다.'고 했습니다. 가족과 이웃에 감사하고 주변의 모든 사람에게 감사하고 건강해서 감사하고, 예수님을 믿으니 감사하고, 사고 나서 아픈 사람이 죽지 않아서 감사하고, 북한에 태어나지 않아서 감사하고, 직장이 있어서 감사하고, 우리 삶의 모든 사안이 감사하니 감사할 일이 이렇게나 많습니다, 항상 감사하면서 사는 삶이야말로 가장 값지고 고귀한 삶이 아닌가 생각합니다. 나와 관련된 모든 일에 대하여 감사하며 살아보면 그 삶이야말로 정말 평안하고 풍요로운 삶을 맛볼 수 있을 것입니다.
 전쟁터에서 전쟁 중에 한 병사가 총에 맞아 두 팔이 달아났습니다. "그 병사는 천만 다행이라며 하나님께 감사 기도를 시작했다. 하나님 아버지 감사합니다. 말씀대로 살지 못하는 저에게 이렇게 큰 은혜를 주셔서 죽지 않고 살아 있게 해 주심을 감사하며 특히 감사하는 것은 눈이 있어 볼 수 있고 다리가 있어 걸을 수 있음을 감사합니다." 도저히 감사할 수 없는 상황임에도 불구하고 감사하는 그의 마음은 얼마나 평온한지 모를 것이다. 여기서 어느 책에 감사에 관한 기도가 있어 그 기도문을 인용할까 한다.

 범사에 감사하게 하소서
 감사함을 잃고 살 때가 많습니다.
 내 주위의 작은 것부터 감사하며
 행복하고 의미 있는 삶을 살게 하소서.
 가족들에게 감사하고, 내 주변의 모든 사람에게 감사하고,
 하나님의 은혜에 항상 감사하게 하소서.
 세상을 사는 문제와 고통으로 하여금 감사를 상실한 채
 어둡고 힘겨운 삶을 살 때가 많습니다.
 무엇보다도 먼저 고난을 겪을 때 감사하게 하소서.
 그 고난으로 하여금 주님께 더욱 가까이 갔으며,
 이전의 잘못된 행실로부터 벗어났기 때문입니다.
 감사의 고백이 헌신하고 봉사하고 사랑하는
 신앙으로 승화하게 하소서.
 내가 받은 은혜를 이웃에게 전하며
 행하고 실천하는 신앙 되게 하소서.

날마다 나의 삶 속에서 감사할 제목을 찾아
항상 감사하며 살게 하소서.
우리의 삶을 늘 감사로 채워 주소서.
예수님 이름 받들어 기도드립니다.
아멘.

　항상 감사를 아끼지 않는 사람의 얼굴은 항상 평화롭고 미소가 흐르기 마련입니다. 그 미소는 정말 아름답습니다. 마음의 풍요로움이 있습니다. 생활의 여유가 있습니다. 평화로운 미소가 흐르고 여유로운 사람 앞에 불행의 씨앗은 접근하지 못합니다. 감사함으로서 생기는 아름다운 미소 다음과 같은 가치가 있습니다.
　미소는 친밀한 사이임을 상대편에 알리는 신호이다. 미소가 없는 자는 진정한 부자가 아니다. 미소가 있는 자는 가난뱅이가 아니다. 미소는 돈을 요하지도 않습니다. 그러나 막대한 이익을 가져옵니다. 미소는 서로의 애정을 확인하는 사랑의 증표이며 상대편에 호의 넘치는 친근함을 제공합니다. 미소의 가치는 헤아릴 수 없지만 주는 자나 받는 자나 다 부유하게 만들고 타인의 마음에 오랫동안 소중하게 간직됩니다. 웃는 사람의 얼굴에는 빛이 있습니다, 아름다운 향기가 있습니다, 그 빛과 향기는 침체된 영혼을 밝게 해줍니다. 미소는 피로하고 지친 자에게 새로운 힘과 실의에 빠진 자에게 희망과 슬픈 자에게 위로를 주는 사랑의 전령사입니다. 미소는 우리의 마음을 빛나게 하고 타인에게는 한없는 행복을 선사합니다. 타인에게 당신의 미소를 선사하는데 인색하지 않는 삶은 바로 당신의 인생을 풍요롭게 만듭니다.

경제적 궁핍함을 막는 경제적 습관

　사람마다 돈이 생기면 그 돈을 어떻게 쓸까를 생각하게 됩니다. 그 생각은 각양각색인데 돈을 모으는 쪽으로 생각하는 사람은 모으는 쪽으로 생각하고 그것을 하나씩 실천해 가지만 가난해지는 사람은 그 돈을 쓰는 쪽으로 생각하고 생기는대로 낭비하며 살아갑니다. 부자가 되는 사람은 사치품이나 돈이 되지 않는 물건을 사기 위하여 빚을 지는 일을 겁내며 결단코 사지 않습니다. 그러나 가난해지는 사람은 빚을 지는 것은 겁을 내면서도 무조건적 충동구매나 사치품을 사기 위하며 외상이나 신용 카드를 쓰는 일을 쉽사리 하곤 합니다. 돈을 절약하고 알뜰히 살며 계획성 있게 차근차근 저축하는 사람은 부자가 되지만 돈 모으는 것을 포기하고 되는대로 낭비 하며 사는 사람은 자기도 모르는 사이에 가난해지고 마는 것입니다. 부자는 과시용 사치성 물품은 여유가 생긴 후에 구입 하지만 가난한 사람은 오히려 과시용 사치성 물품을 무조건 구입하려 합니다. 저축이란 자제력이 있고 참을성이 있어야 합니다. 자제력이란 세상의 모든 기쁨과 유흥을 포기할 줄 아는 자기의 희생을 필요로 하기 때문에 자제력이 있다는 것은 저축을 할 수 있다는 좋은 증표가 되는 것입니다. 그러므로 저축을 할 수 있다는 것은 절제의 능력과 자제력이 있다는 증표이고 자기를 성공으로 이끄는 다른 좋은 습관들이 함께 있다는 것이기도 합니다. 저축은 물질적인 빈곤으로부터 자유로워지고 모든 일에 대하여 용기와 희망을 가지고, 자신감이 있고, 안정감이 있고, 모든 일에 여유가 생기고, 이웃 사람에 대하여 너그러워지는 사람이 되는 것입니다. 결국 너그러워지고 여유가 생기고 자신감과 용기가 겸비하면 자기의 모든 하는 일에 걸림돌이 없어지는 관계로 자기가 하는 모든 일을 성공으로 이끌 수 있다는 것입니다.

저축은 개인의 성품개발의 한 방법이기도 합니다. 버는 것보다 더 많은 돈을 소비하는 습관은 저축하는 습관과는 정 반대로 오직 가난과 자기 인생의 실패를 불러 올 뿐입니다.

'단단한 땅에 물 고인다.'는 속담과 같이 저축하는 절약정신과 검소한 생활, 근면하고 성실한 생활을 하는 그런 사람은 절대로 가난해지지 않고 궁핍함과 빈곤으로부터 벗어나 경제적 어려움에서 해방되는 훌륭한 사람이 될 것입니다.

생각을 조금만 바꾸면 행복해집니다

　우리가 살다보면 여러 가지 사안들이 있는데 같은 사안을 가지고 생각함에 따라 행복해지기도 하고 불행해지기도 합니다. 가급적이면 행복한 쪽으로 생각하는 것이 우리의 삶을 풍요롭게 하는 것입니다. 예를 들면 십대 자식이 집에서 말썽 부린다면 밖에 나가 나쁜 짓 하는 것보다 낫고, 세금이 많이 나왔으면 그만큼 돈을 많이 벌었으니 좋고, 세탁물이나 다림질해야 할 일이 많으면 입을 것 많아서 좋고, 난방비가 많이 들었으면 그동안 따뜻하게 살아서 좋고, 남과 비교하여 자신이 없는 것만 생각하고 스스로 초라하게 생각하여 불행한 것보다 자신이 가진 것 중 남이 갖지 않은 것만을 생각하고 스스로 행복해지는 슬기가 필요한 것입니다. 대통령이나 정부에 대하여 불만의 소리가 많으면 어느 쪽 편을 들어 짜증내기보다 우리에게 언론의 자유가 있어서 좋고, 사는 곳이 전철역에서 멀다면 걷기 운동을 할 수 있는 기회가 있어서 좋고, 생각을 어떻게 하느냐에 따라서 행복과 불행이 교차하는 것입니다.

당신이 세상을 살아가는 날 수는 당신 마음대로 안 되지만 당신이 같은 사안을 놓고 어떻게 생각하느냐는 당신 마음대로 할 수 있습니다. 당신 인생의 넓이와 깊이도 마음대로 결정할 수 있습니다. 당신의 얼굴 모습은 마음대로 할 수 없지만 얼굴 표정은 마음대로 할 수 있습니다. 세상의 모든 일들은 당신 마음대로 할 수 있는 일과 마음대로 할 수 없는 일이 있습니다. 그런데 왜들 사람들은 자기 마음대로 할 수 있는 일만을 감당하기도 바쁜데 자기 마음대로 할 수 없는 일들을 부여잡고 염려하고 걱정하며 스스로 힘겨워하며 사시나요? 어떠한 상황이 우리를 힘겹게 하는 것이 아니고 그 상황에 대한 우리의 마음가짐 때문에 힘겨운 것입니다. 마음가짐이나 생각을 조금 바꿈으로써 우리의 삶을 근심과 걱정에서 탈피하고 얼마든지 행복해질 수 있는 것입니다. 마음가짐 하나만 바꾸면 사물을 바라보는 눈이 달라지고 감정이 바뀌어 상황이 달라져 급기야 인생이 달라질 수도 있는 것입니다. 일순간의 생각만으로 자신의 인생을 괴롭히지 마십시오.

세상의 모든 일은 시간이 지나면 달라집니다. 단지 일시적일 뿐입니다. 인생의 모든 일은 마음먹기에 따라 얼마든지 극복할 수 있는 것입니다. 마음먹기에 따라 슬픔이 기쁨으로 바뀌고, 고통스러움이 즐거움으로 바뀌는 것입니다. 가령 길가다 거지가 있어 돈을 좀 주었다고 합시다. 거지가 있어서 돈을 빼앗겼다는 생각보다 거지가 있어서 내가 남을 도우는 즐거움을 가질 수 있게 했으니 거지한테 고마움을 느낀다면 얼마나 행복하겠느냐 말입니다. 같은 사안을 놓고 한상 긍정적으로 생각하면 스스로 행복해지고 밝은 얼굴로 모든 일을 행하게 되고, 매사에 부지런하고 열심히 하게 됨으로 자연히 복을 받게되어 결국은 삶이 윤택해지는 것입니다.

'범사에 감사하라.'는 말을 많이 듣게 됩니다. 감사란 우리 인생에 향기로운 꽃과 같은 것입니다. 우리가 지극히 평안할 때 우리에게 닥쳐오는 모든 일들을 대수롭지 않게 여기고 그냥 넘기고 마는 경우가 많습니다. 지금 우리가 누리는 많은 복들(맑은 공기, 아름다운 자연, 먹고 살 양식, 친한 친구, 건강, 사랑하는 가족)에 대하여 그렇게 감사함을 느끼지 못하며 살아갑니다. 그러나 우리는 삶이 평안할수록 하나님께 감사하며 살아야 합니다. 지금 내가 누리고 있는 것에 대하여 감사할 줄 알고 산다는 것은 자신의 삶을 행복하게 하는 비결인 것입니다.

자신이 남보다 부족한 것만을 보고 자신을 초라하고 보잘 것 없이 여기고 불행하게 사는 것보다 내가 남보다 많은 것들을 찾아내어 지금 누리는 것들에 대하여 감사할 줄 아는 것이 진정한 행복의 지름길인 것입니다.

우리 일생에 수시로 변하여 다가오는 모든 희로애락喜怒哀樂을 항상 감사하는 마음으로 받아들이면 어느 사이엔가 우리의 삶이 감사가 충만한 인생으로 평안해지고 행복해지며 삶의 풍요로운 열매를 맺을 것입니다. 때로는 고난이 닥쳐와도 감사할 줄 알아야 합니다.

고난을 겪는다는 것은 평안할 때 감사해야 한다는 메시지이기도 한 것이다. 고난을 겪음으로 평안할 때의 소중함을 알게 되고 이웃의 고난을 헤아릴 줄 아는 것입니다. 감사의 조건이 생길 때를 기다리지 말고 지금 이 순간 감사합시다.

지금을 감사하며 감사로 충만한 인생을 살다보면 우리의 마음을 잘 다스리는 결과가 되어 모든 고난과 불행에서 해방되어 당신의 삶이 풍요로워 질 것입니다.

세상에서 가장 아름다운 사람

 가난한 사람은 적게 가진 사람이 아니라 많이 원하는 사람입니다. 적게 가지고도 만족하며 평화롭게 사는 사람이 진정으로 부자인 것입니다. 남들보다 덜 가졌다 해서 자신을 초라하고 부끄럽게 여기고, 돈과 명예에 굶주린 탐욕스런 사람이 너무도 많은 세상입니다. 탐욕을 버리고 순수해질 때 진정으로 평화로운 삶을 사는 것이며 얼굴이 추해 보이지 않을 것입니다. 얼굴에는 그 사람의 인생이 쓰여 있습니다. 사람의 얼굴은 그 사람의 과거의 이력서이며 현제의 현황판이며 게시판이기도 함으로 자신의 얼굴에 대하여 책임을 져야 합니다. 인생의 목표가 뚜렷하고 확고한 이상을 가진 사람의 얼굴에서는 남다른 점이 느껴집니다. 인생에는 밝고 빛나는 얼굴, 평화로운 얼굴, 해같이 빛나는 얼굴을 가져야 합니다. 그렇기 위해서는 가정사가 화목하고 평화로워야 하며 사회나 직장에서는 종적으로나 횡적으로나 융화가 잘 되어야 하고 스스로에게는 자신감이 충만해야 할 것이다. 이것은 교만함을 버리고 오직 겸손한 가운데 욕심을 버리고 절제함과 자제력을 길러 열심히 살아갈 때 얻어지는 것입니다. 가정사의 화목함은 부부간의 화목에서 비롯되는데 부부간에 지켜야 할 사항들을 좋은 부부가 되려는 사람들의 모임, "가정 수칙" 중 아내의 십계명 과 남편의 십계명을 인용하여 소개할까 합니다.

*아내의 십계명
1. 가정은 삶의 기초가 되는 만남의 장소이다. 부부간의 중요한 것은 화목이다. 자기 자신과 가정을 아름답게 꾸밀 줄 아는 재치와 근면성을 길러라.
2. 남편의 수입에 맞추어 검소하고 절재 있는 살림을 꾸려 나가도록 하여라.
3. 중요한 집안일은 남편의 뜻에 따르라.
4. 가족의 식성과 건강을 유의하여 음식준비에 정성을 기울여라. 식탁을 가족의 화목을 도모하고 대화를 나누는 중요한 친교의 광장으로 유도하라.
5. 혼자만 말하여 남편에게 말할 기회를 주지 않아 부부간에 충돌하는 일이 업도록 하여라.
6. 남편에게 따질 일이 있으면 남편의 기분 상태를 파악하고 기분을 상하지 않도록 지혜를 발휘하라. 사소한 일에는 참을성을 발휘하라.
7. 남편의 옷차림과 외모에 관심을 보여라, 아내는 남편의 멋스러움을 가꾸어주는 사랑의 정원사임을 알고 그 소임을 다하라.

8. 남편에게 조용한 혼자만의 휴식 시간을 배려하라.
9. 남들 앞에서 남편의 결점을 말하거나 지나친 자랑을 하지 말라.
10. 하루에 두 번 이상 남편의 좋은 점을 발견해서 칭찬해주고 남편이 자랑스러운 자신감과 긍지를 갖도록 하라.

*남편의 십계명
1. 결혼 전과 신혼 초에 보였던 관심과 사랑이 변치 않도록 노력하라.
2. 결혼기념일과 아내의 생일을 잊지 말라.
3. 가능한 한 모든 일을 아내와 의논하고 함께 결정하도록 하여라. 가정의 행복을 가꾸는 비결은 평소에 얼마나 많은 대화를 했느냐에 달려있다.
4. 가정의 경제는 아내에게 맡겨 아내가 가정을 꾸려가는 보람을 갖게 하라.
5. 아내의 옷차림과 외모에 관심을 가져라. 남편은 아내를 아름답게 가꾸어 주는 사랑의 정원사임을 알라.
6. 아내가 만드는 음식에 대해 말이나 행동으로 아내에 대한 감사를 표시하라.
7. 가정불화가 있을 때 아내에게 한 걸음 양보하라. 아내의 매력은 연약하고 사랑스러움이라면 남편의 매력은 의연함과 너그러움이다.
8. 아내에게 상처를 주는 농담이나 행동을 삼가하라. 특히 아내의 친정에 대한 험담은 결코 함부로 하지 말라. 아내의 마음에 아픈 상처로 남는다.
9. 아내의 개성과 취미를 존중해주고 아내와 함께 같은 취미 활동을 하도록 하라.

10. 하루에 두 번 이상 아내의 좋은 점을 발견하여 칭찬해주고 아내에게 기쁨을 주는 습관을 길러라. 잠시라도 짬을 내어 아내를 행복하게 해줄 아이디어를 생각해 내고 그것을 그날 중에 행동으로 옮겨라.

이상과 같이 아내의 십계명과 남편의 십계명을 올바로 실천한다면 누가 부부간에 다툼이나 분쟁이 일어날 수 있겠습니까. 완벽하게 지키지 못할지라도 지키려고 노력만 하드라도 많은 화해가 이루어 질 것입니다. 그러므로 가정은 화목해지고 평안해 질 것입니다. 가정의 평안하고 안락함 속에서 우리의 심신이 평안해질 것입니다. 아름다운 사람이 되기 위해서 가정에서 얻어진 평안한 심신을 가지고 사회에 나가서는 사랑하는 것을 배우십시요.

이웃을 위하여 봉사하고 사랑을 하며 좀 더 살기 좋은 사회를 만들기 위하여 열심히 노력한다면 당신은 정말 아름다운 사람입니다.

고난을 겪는 것은 강인한 미래를 향한 교훈

'젊어서 고생은 돈 주고도 못 산다.' 이 말은 어디서나 쉽게 들을 수 있다. 그러나 고난이 닥치면 즐겁게 환영하며 받아들이기 힘들다. 그저 고난은 괴롭기만 한 것이다. 어느 정도 성공한 사람들은 고생했던 과거를 회상하며 깊은 감상에 젖은 경우를 가끔 본다. 그것은 그 사람이 고생했던 과거가 그 사람을 성공으로 이끈 것임을 증거 하기도 하는 것이다. 성공한 사람들은 거의 다 고난의 시기를 몇 번씩은 겪는 것이다. 고난을 겪어내는 데는 피나는 인내심과 참을성이 필요하다. '참는 자한테 복이 온다.'는 말을 실감하게 하기 위하여 한 가지 예를 들어 볼까 한다. 이 이야기는 필자가 1976년 일본에서 몇 개월 간 공부한 일을 때 그때 실화라면서 들었던 이야기 이다. 이 이야기가 사실인지 아닌지 확인은 안 해 봤으나 사실이 아니더라도 우리가 염두에 두고 있을만한 교훈이 될 것 같아 소개하려고 한다.

동경에서 제일 번화한 거리인 긴자 거리에 긴자 백화점이 있는데 보석 전문 백화점이었다. 거기 사장님의 성공담을 이야기하려고 한다. 이 이야기는 듣는 순간에 나를 감동시킨 이야기로서 지금 내가 이만큼 성공하도록 한 교훈이기도 하다. 어렵고 힘들어 인내심이 필요할 때마다 이 이야기가 생각나 인내할 수 있었고, 밝은 미래를 향해 힘차게 전진하는 활력소가 되었기 때문에 여기서 소개 할까 한다.

　일본의 미군부대 앞에 어느 소년이 구두를 닦고 있었다. 그때 그의 나이가 20살쯤 되었다. 2차 전쟁이 끝난지 얼마 되지 않아 먹고 살기 힘든 고아였다. 그는 눈이 오나 비가 오나 줄기차게 그 자리에서 구두를 닦고 있었다. 오랫동안 한 자리에서 구두를 닦다 보니 웬만한 사람이면 다 아는 정도 되었다. 그런데 어느 날 한사람이 와서 구두를 닦고 돈을 주지 않고 그냥 가는 것이었다. 구두닦이 소년은 아무런 생각 없이 아무 말도 하지 않고 내일 주겠거니 하고 내 버려두었다. 그 다음 날도 그 사람이 와서 구두를 닦고 돈을 주지 않았다. 돈이 없어 보이지도 않는데 왜 그럴까 하는 마음에 그날도 참았다. 세 번째 되는 날도 마찬가지였다. 언제 준다는 등의 아무런 말도 하지 않고 구두만 닦고 가는 것이다. 그런데 구두는 매일 와서 닦는 것이다. 일주일이 지나고 열흘이 지나 같은 일이 반복되는 것이다. 그럭저럭 한 달이 다 되어 급료 날이 왔다. 그 때 그 청년은 그 사람의 재정 상태를 알아보았다. 알고 보니 그는 유대인으로서 심기가 아주 굳은 사람이며 어찌된 일인지 그는 급료 날에는 동료들로부터 빌려준 돈 및 이자를 받아들이고 있었다. 쉽게 말해서 돈이 많기로 소문난 사람이었다. 그때 그 청년은 그 사람에 대한 신뢰감을 가지고 구두를 그냥 닦아주기로 마음먹었다. 그런데 그 사람은 하루도 빠지지 않고 구두를 닦으러 왔다. 그럭저럭 6개월이 지나 1년이 되었다. 그런데 그 사람 정확히 1년이 되던 날 1년 간 닦은 구두 값을 목돈으로 가지고 왔다. 와서 껄 껄 웃으면서 하는 말이 구두를 닦기 시작한 날이 오늘로 만 1년이 되는 날인데 그동안 무던히 참은 것은 너무나 잘한 일이라 칭찬하면서 말을 계속했다. 돈을 달라고 독촉하지 않은 참을성에 대해서도 칭찬을 아끼지 않았다. 아무런 대화나 약정이 없는 상태에서 1년씩 구두를 공짜로 닦아주는 그의 인내심은 보통 사람으로서는 상상을 불허할 일이다. 그는 말을 계속했다. 내가 만일 구두 닦는 값을 그 때 그 때 바로 주었더라면 이런 목돈이 마련될 수 없을 것이며 만일 참을성 없는 사람 같으면 지금까지 돈을 모아서 줄 수가 없을 것이다. 알고 보니 그는 대단한 사업가인데 일본에 믿을만한 사람을 찾고있던 참이었다. 그러나 그 구두닦이 청년은 그런 내막을 알 수 없었다. 그리고 한꺼번에 주어진 그 돈은 상당한 거금이었다. 구두닦이 청년은 즐거워 하면서 참는다는 것이 얼마나 중요한 것인지 다시 한 번 깨닫게 된 것이다. 그러던 어느 날 그 유태인이 찾아왔다. 그날이 바로 제대하여 귀국하는 날이었다. 그러면서 하는 말이 내가 귀국하여 편지할 터이니 편지 받으면 미국에 한번 방문해 달라는 말을 남기고 떠난 것이다. 그럭저럭 6개월이 지난 어느 겨울 날 약속대로 편지가 날라왔다. 편지 내용은 편지를 받은 날로부터 3일 이내에 미국으로 방문해 달라는 것이었다. 왕복 여비 교통비는 자기가 부담한다는 것이었다. 구두닦이 청년은 설레이는 마음으로 미국으로 향하였다. 편지내용대로 그의 집을 찾아갔다.

그런데 놀랄 일은 그의 집이 엄청나게 큰 저택이었다. 설레는 마음으로 초인종을 눌렀다. 안에서 누구냐고 물어와 일본에서 온 구두닦이 청년임을 밝혔다. 그런데 아주 반겨줄 것을 기대하였는데 반응이 의외였다. 안에서 인터폰으로 하는 말이 지금 식사 중이니 기다려 달라는 것이었다. 시키는대로 기다리기 시작했다. 통상적으로 5분 정도 기다리는 것을 생각했는데 10분이 지나도 아무런 반응이 없었다. 추운 겨울날 남의 집 대문 앞에서 기다리는 상황이었으나 인내심의 한계를 느끼기 시작하였다. 30분이 지나 한 시간이지나도 아무런 반응이 없는 것이다. 아무리 인내심이 많은 청년이라지만 문 앞에 외국에서 온 손님을 세워놓고 기다리게 하는 것은 참으로 참을 수 없는 일이었다. 신경질적으로 초인종을 눌러댈까 하는 충동이 용솟음쳤다. 그러나 다시 인내심을 발휘하였다. 기다리는 시간이 두 시간이 되었다. 그래도 무반응이었다. 이제는 인내심이라기보다 오기심이 발동하는 것이다. 누가 이기나 보자라는 오기심이 불타오르는 것이다. 그 오기심 때문에 초인종을 다시 누르지 않고 계속하여 기다릴 수 있는 것이다. 그렇게 기다리는 동안 너무나 많은 생각을 한다. 무시당한다는 모멸감 그리고 '인내는 쓰다 그러나 그 열매는 달다.'는 속담을 외어 보기도 하고, 비참한 자기의 신세를 한탄하기도 하고 살아왔던 과거사의 많은 일들을 회상하기도 하면서 시간은 흘렀다. 그러던 차 어연간 세 시간이 흘렀다. 안에서 인기척이 나면서 대문은 열렸다. 화가 나지만 화낼 수도 없고 엄습해 오는 서러움도 삼키면서 안으로 들어섰다. 주인이 안에서 나와 반가이 맞아 주었다. 이상한 일이다. 그동안 가졌던 모멸감 등은 전부 사라지고 반가이 맞아주는 주인의 행동에 동화되어버린 것이다. 간단한 인사말을 나누고 대화를 시작한다. 우선 집주인 유태인은 사과부터 하면서 이렇게 말한다. 원래 우리 유태인들은 식사시간에는 무슨 간섭도 받지 않으려는 습관이 있지만 오늘은 경우가 다르다면서 이렇게 설명하였다. 나는 당신의 인내심을 시험할 생각으로 기다리게 했다면서 좀 지나친 감이 있지만 잘 참아주었다며 흐뭇해하는 것이다. 그리고 말을 이어가는 것이다. 내가 돈이 많은 사업가인데 일본에 믿을 만한 사람을 하나 심어 사업을 하려고 하는데 일본에서 이것을 만들 수 있는지 한번 알아보려는 것이니 돈은 필요한대로 줄 것이니 앞으로 15 일 이내에 일본에 가서 만들어 오라는 것이다. 무슨 보석함처럼 생긴 물건인데 꼭 기일을 지키라는 것이다. 이해할 수 없으나 청년은 그의 주문에 응할 수밖에 없었다. 무슨 일이 있어도 그 기일을 지켜야 한다고 몇 번이고 강조하는 것이다. 단지 필요한 경비는 얼마든지 주겠다는 것이다. 일본 청년은 의아해 하면서도 시키는대로 일을 수행하겠다는 결심을 하고 일본으로 돌아온다. 그러나 걱정이 많다. 납품 날짜가 너무 촉박할 뿐 아니라 어떻게 해야 할지 모르는 부분이 너무 많다. 일본에 도착하여 계획을 세워 작업을 시작 했다. 제품은 다름 아닌 보석상자인데 그다지 중요한 물건 같지 않은데 그렇게 촉박한 날짜에 만들어 오라는 것이다. 금형을 만들어 제품을 생산하기까지는 적어도 50여 일이 걸린다는데 20일 만에 만들어 오라는 이유를 모를 일이다. 그러나 최선을 다하여 만들기 시작하였다. 밤낮을 가리지 않고 일을 하여 정확히 날짜를 지킬 수 있었다. 그동안의 애로사항이야 이루 말할 수 없지만 여기서는 생략하기로 한다. 여하튼 요구하는 날 미국에 가서 제품을 납품하였다. 그때 그 유대인 사장님이 반가이 맞아주면서 하는 말이 다음과 같았다. "젊은이, 그동안 수고 많이 하셨습니다. 다름이 아니라 내가 일본에 사업을 하나 벌일까 하는데 적당한 사람 하나 찾기 위하여 당신을 테스트한 것입니다. 구두값 일 년 만에 준 것도 당신이 사람 보는 안목이 어느 정도인지를 테스트한 것이고 미국에 와서 문 앞에서 기다리게 한 것도 당신의 인내심이 어느 정도인지를 알아보기 위함이요. 촉박한 기일 내에 보석함을 만들어 오게 한 것은 당신의 책임감과 일의 수행 능력을 테스트한 것이니 그동안의 수고에 진심으로 감사합니다." 라고 말하고 말을 이어 갔다.

 이제 나는 당신을 신뢰할 수 있으니 일본에 돌아가 동경에서 제일 번화한 긴자(서울의 명동과 같은 곳) 거리에 여자들을 상대하는 보석상을 최대한 크게 벌리라는 것이었다. 자금은 필요한 만큼 얼마든지 대준다는 것이다. 그가 돌아와 일본에서 제일 큰 보석상을 벌려 지금은 동경 시내에 이름난 빌딩을 여러 채나 가지고 있는 유명한 재벌이 되었다는 것이다.

 필자는 여기서 자기에게 닥쳐오는 고난을 슬기롭게 판단하여 잘 참아내는 것이야 말로 얼마나 값있는 보람이 있는가에 대하여 다시 한 번 강조하는 바입니다. 이 글을 읽는 독자 여러분 '참는 자에 복이 있다.'는 성경구절을 숙지하고 매사에 참을성을 발휘하여 생을 성공으로 이끄는 귀한 삶을 살아가시기 바랍니다. 오늘 아무리 어렵고 힘든 일에 처해 있을지라도, 내일에 대한 희망을 잃지 않는 한 언제고 다시 일어설 수 있다는 것을 명심하고 오늘의 고난을 묵묵히 참고 견딘다는 것은 내일에 대한 꿈과 소망을 갖고 묵묵히 준비하는 가장 아름다운 일인 것입니다.

덕을 세우는 사람

'힘과 슬기 덕' 이 세 가지는 우리 인간에게 있어 가장 소중한 보화이며 그중에서 가장 으뜸으로 치는 것은 덕이라고 한다. 그러기 때문에 사람들은 덕장이 되려고 노력하지만 덕스럽다는 평판을 듣지 못한 채 인생을 마치는 사람들이 얼마나 많은지 모릅니다. 삼국지에 나오는 조조는 천하의 재주와 지혜와 학식이 그리고 문무를 다 겸했지만 덕장의 소리는 듣지 못했고, 농민의 아들 유비 현덕은 배운 것도 많지 않고 힘도 세지 못했으나 덕장의 칭호를 받으며 존경의 대상이 되었다고 한다. 무엇이 사람을 덕스럽게 하고 부덕하게 하는지 성경에서는 이렇게 말하고 있다. 에베소서 4장 25절 이하에 보면 '첫째는 가면이요, 둘째는 분노요, 셋째는 더러운 말.'이라 했다. 가면이란 말을 풀어보면 사람들은 수단과 방법을 가리지 않고 돈과 명예와 지위를 차지하는 데 최선을 다하는 것이다. 그러나 그것은 그 사람을 썩게 만들고 타락하게 하는 원인이 되는 것이다. 잠언에서 "적은 소득이 의를 겸하면 많은 소득이 불의를 겸한 것 보다 낫느니라."고 했다. 모든 거짓과 속임수는 결국 그 사람을 가면의 장본인으로 만드는 것이다. 교회에서나 사회에서나 아무리 높은 직분을 가진 사람이라 하더라도 덕을 세우지 못하면 가치 없는 사람이 되고 마는 것이다. 둘째, 부덕한 사람으로 떨어뜨리는 것은 분노라고 했다. 성경에서 "분을 내더라도 죄를 짓지 말며 해가 지도록 분을 품지 말라." 고 했다. 사람이 화를 안내고 살 수는 없다. 사소한 시비로 사소한 이해타산으로 다른 사람이나 자기 자신의 과오 때문에 화를 내는 때가 많이 있는 것이다. 그러나 그 화를 빨리 풀어버리라는 것이다. 빠른 시간 내에 분을 풀어버리지 않으면 그 사람이 큰 범죄를 저지르는 원인이 되기 때문이다. 셋째, 사람을 부덕 하게 만드는 것은 더러운 말인 것이다. 성경에 "무릇 더러운 말은 너희 입 밖에도 네지 말고 오직 덕을 세우는데 소용되는 대로 선한 말을 하여 듣는 자들에게 은혜를 끼치게 하라."고 하였다. 더러운 말이란 건전하지 못한 말을 두고 하는 말이며 남에게 해가 되는 말을 뜻하기도 한다. 사람들은 남을 해치는 말들을 남발하여 점점 부덕한 사람이 되고 마는 것이다. 결국은 사람들이 그를 기피하는 결과를 초래하는 것이다. 도적질하는 사람은 자기 생활을 전적으로 남에게 의지하여 사는 사람이다. 남이 땀 흘려 번 돈을 순식간에 가로채는 것이다. 덕을 세우는 덕인이 되려면 우선 스스로 수고하여 자기의 생활을 지탱하여 나가야 하고 그 다음에는 남의 생활을 도와주는 구제자가 되어야 하는 것이다. 사람을 덕스럽게 만드는 것은 선한 말이다. 누구를 만나든지 그 사람에게 복을 비는 말을 할 수 있어야 한다. 마음이 상한 자에게 위로의 말을 하여야 한다. 사람이 덕을 쌓고 살 수 있다는 것은 인간의 특권이기도 하다.

  우리는 항상 어느 길이 덕을 쌓는 길인지 잘 생각하여 행동하고 덕을 쌓기 위하여 항상 노력하며 살아야 할 것이다.

성공적인 자기 관리를 위한 10가지 충고

여기서 거론되는 열 가지 충고는 우리가 인생을 살아가면서 알면서 지나쳐 버리기 쉬운 사항들이 어느 책에 잘 정리되어 있어 이를 인용하여 여기서 소개할까 한다. 하나하나 잘 읽어 보고 그 뜻을 잘 음미해 보면 우리의 삶에 활력소가 될 그런 내용들이다.

1. 인상 깊은 만남을 위한 10가지 충고
   ① 긴 대화나 잡담으로 상대방을 지루하게 만들지 말라.
   ② 상대의 얼굴을 보면서 이야기 하라.
   ③ 상대의 말을 주의 깊게 들으라.(눈을 크게 뜨고 듣는 것은 관심 있게 듣는 것이다.)
   ④ 말참견이나 헛기침으로 말을 중단시키지 말라.
   ⑤ 말을 너무 많이 하여 이야기를 독점하지 말라.
   ⑥ 말을 들으면서 이상한 행동을 하지 말라.(손톱을 깨물거나 발을

흔들고 머리를 만진다거나 하는 일.)
⑦ 상대의 말을 앞지르거나 보충하려고 하지 말라.
⑧ 생각 없이 개인이나 어느 집단에 대하여 비난하지 말라.
⑨ 함께 있는 사람 중 가장 지식이 있는 것처럼 말하지 말고 돈이 많은 것처럼 해도 안 된다.
⑩ 자신이나 친구의 이야기를 가급적이면 피하라.

2. 대화를 잘하기 위한 10가지 충고
① 사람의 마음을 바꾸는 것은 인정으로 바꾸는 것이 아님을 명심하라.
② 상대방의 의견을 존중하고 결점을 캐지 말라. 의견을 일단 인정하고 대화함으로 하여 나의 의견도 인정받을 수 있으며 자신의 의견이 관철될 수 있기 때문이다.
③ 자기의 실수나 잘못을 빨리 인정하라.
④ 친절함과 우애와 감사함으로 대화를 풀어 나가라.
⑤ 화재를 상대가 관심이 있는 쪽으로 골라서 이야기 하라.
⑥ 상대가 마음껏 이야기 하도록 하라.
⑦ 대화중 겸손함을 항상 잊지 말라.
⑧ 늘 상대방 입장에 서라.
⑨ 상대방의 생각과 원하는 바를 이해하라.
⑩ 보다 숭고한 동기와 아름다운 심정으로 자신의 생각을 호

소하라.

3. 행복한 삶을 위한 열 가지 충고
 ① 오늘만은 행복하게 지내라.
 ② 오늘만은 자신의 마음을 지키라.
 ③ 오늘만은 몸조심하라.
 ④ 오늘만은 유익하고 보람된 일을 하라.
 ⑤ 오늘만은 유쾌하게 보내라.
 ⑥ 오늘만은 마지막 날인 것처럼 살아라.
 ⑦ 오늘만은 시간을 철저히 계획적으로 사용하라.
 ⑧ 오늘만은 혼자서 조용히 휴식시간을 가져라.
 ⑨ 오늘만은 주어진 상황에 순응하라.
 ⑩ 오늘만은 두려워하지 말라.
이상과 같이 살면 여러분의 생활은 한층 밝아질 것입니다.

4. 자기 발전을 위한 열 가지 충고
 ① 오늘의 자기에 만족하지 말라
 ② 자신이 원하는 것이 무엇인지를 확실하게 알라.
 ③ 무슨 일이든 그 일에 대하여 계획을 구체적으로 세우라.
 ④ 일을 못 한데 대한 핑계나 변명을 늘어놓지 말라.
 ⑤ 게으른 자신과 타협하지 말라.

⑥ 한두 번의 실패로 포기하지 말라.
⑦ 그 일에 대한 전문 지식을 습득하라.
⑧ 자기의 실수나 잘못을 남에게 돌리지 말라.
⑨ 노력을 아끼려고 지름길을 찾지 말라.
⑩ 목표를 이루려는 욕망을 가지라.

5. 열등감을 극복하기 위한 열 가지 충고
 ① 나는 한 개인으로서 이미 중요한 의미가 있음을 알라.(즉 내 한 표가 대통령도 결정하는 요소가 된다는 것.)
 ② 자기감정을 솔직히 고백할 수 있는 친구를 두라.
 ③ 자신의 결점을 숨기거나 변명하지 말고 그대로 인정하라.
 ④ 자신이 잘할 수 있는 일을 선택하여 그 분야를 열심히 배우라.
 ⑤ 뜻대로 안 될 때는 감상에 빠지지 말고 안 되는 일도 있음을 달갑게 받아들이라.
 ⑥ 자기감정을 잘 다스려라.(쉽사리 포기하거나 절망하지 말라.)
 ⑦ 꾸준히 노력하라.
 ⑧ 모든 일을 확실히 준비하라.
 ⑨ 몸을 건강하게 유지하라.
 ⑩ 실수를 실수로 끝내지 말고 역이용 할 방법을 찾아라.

6. 자주 해서는 안 되는 말 열 가지
 ① "잘해봐라."는 비꼬는 말.
 ② "난 모르겠다."는 책임감 없이 하는 말.
 ③ "그것은 해도 안 된다" 는 소극적인 말
 ④ "네가 뭘 아느냐" 는 상대를 무시하는 말.
 ⑤ "바빠서 못 한다"는 핑계대는 말.
 ⑥ "잘 되고 있는데 뭐 하러 바꾸느냐" 는 안일무사한 말.
 ⑦ "이정도면 괜찮다"는 쉽사리 타협하는 말.
 ⑧ "다음에 하자고"하는 뒤로 미루는 말.
 ⑨ "해보나 마나 똑같다"는 쉽게 포기하는 말.
 ⑩ "이제 그만두자"는 의지를 꺾는 말

7. 부모와 화목하기 위한 열 가지 충고
 ① 부모님들도 우리와 같은 감정을 가진 인간으로 이해하려고 하자.
 ② 자녀들은 부모를 판단하는 위치에 있지 않음을 알라.
 ③ 순간순간 부모의 입장에 서 보아라.
 ④ 부모를 지금 있는 모습 그대로 인정하고 용납하라. 내가 변화 시킬 수 없기 때문이다.
 ⑤ 부모에 대한 편견을 버려라.
 ⑥ 부모가 무슨 일을 강요하기 전에 부모의 의견을 먼저 물

어 보아라.
⑦ 부모는 우리의 적이 아니고 우리의 보호자요 사랑 그 자체이다.
⑧ 부모와 같이 자신도 곧 부모가 될 것을 인식하라.
⑨ 부모의 관심에 대하여 자녀도 관심을 가져라.
⑩ 부모에 대해 생각하고 또 생각하고 또 생각하라.

8. 장수를 위한 열 가지 충고
① 고기를 적게 먹고 야채를 많이 먹어라.
② 술은 적게 마시고 과일을 많이 먹어라.
③ 차는 적게 타고 걸음을 많이 걸어라.
④ 욕심은 적게 부리고 선행을 많이 베풀라.
⑤ 옷은 얇게 입고 목욕은 자주 하라.
⑥ 고민은 적게하고 잠을 충분히 자라.
⑦ 말은 적게하고 행동은 많이 하라.
⑧ 음식은 싱겁게 먹고 식초를 많이 먹어라.
⑨ 적게 먹고 많이 씹으라.
⑩ 분한 것은 참고 많이 웃어라.

9. 고독을 극복하기 위한 열 가지 충고
① 고독을 극복하기 위하여 비생산적인 활동을 멈추어라.(분주

함, 쇼핑 , 친구 만남, 담배, 과식 등)
② 자신을 강하게 훈련시켜라.
③ 자신의 생각을 재정비하라.
④ 자신에게 매사에 긍정적인 사고를 주입하라.
⑤ 감사의 조건을 찾아라.
⑥ 조용한 시간을 마련하여 신과 만나라.
⑦ 혼자 있는 시간을 생산적이고 창조적인데 사용하라.
⑧ 올바른 친구를 선택하라.(잘 못된 친구는 적이 될 수도 있다.)
⑨ 구체적인 목표를 설정하여 박력 있게 진행하라.
⑩ 타인을 위하여 자원 봉사를 하면 고독에서 멀어질 것이다.

10. 매력 있는 사람이 되기 위한 열 가지 충고
① 날마다 계획성 있는 삶을 살면 무기력해지지 않는다.
② 외모를 항상 단정히 하라.
③ 날마다 남에게 기쁨을 줄 일을 생각하고 실천하라.
④ 하루에 한 가지 이상 집안일을 도우라.
⑤ 망설였던 일을 자신을 가지고 시도하라.
⑥ 매일 좋은 책을 몇 십분만이라도 읽어라.
⑦ 제일 미운 사람을 위하여 기도하라.
⑧ 남과 대화할 때 눈을 바라보고 대화하라. 가급적 많이 들어라. 상대방보다 말을 반으로 줄여라.

⑨ 자기 실수에 대하여는 빨리 사과하고 자신에 대해서는 웃을 수 있는 여유를 가지라.
⑩ 자신을 잊어버리고 다른 일에 몰두하라.

11. 남에게 잊을 수 없는 사람이 되기 위한 열 가지 충고
① 한번 만난 상대방이라도 이름을 정확히 기억하라.
② 상대편이 부담을 가지지 않도록 상대방을 배려하라.
③ 모든 것을 다 아는 것처럼 자랑하지 말라.
④ 어떤 일에도 상처 받지 않는 포근함을 가지고 상대방을 대하라.
⑤ 당신을 만나면 무언가 배울 점이 있는 사람이 되라.
⑥ 가급적이면 오해하지 않도록 하고 받은 오해는 쉽게 풀도록 하라.
⑦ 사람들을 좋아하라.
⑧ 남을 축하해 주거나 위로의 말을 아끼지 말라.
⑨ 친구들에게 정신적으로 의지가 되는 사람이 되라.
⑩ 늘 남을 섬기는 마음을 가지라.

12. 자기 개선을 위한 열 가지 충고
① 고정관념에서 벗어나라.
② 할 수 있는 방법을 찾아라.

③ 어떤 경우든 변명하지 말라.
④ 완벽한 것만을 고집하지 말라.
⑤ 잘못된 것은 즉시 시정하라.
⑥ 가장 쉬운 것부터 개선하라.
⑦ 늘 문제의 원인을 생각하라.
⑧ 자신의 생각만을 고집하지 말고 남의 지혜도 구하는 슬기가 필요하다.
⑨ 개선의 여지가 무한함을 인식하라.
⑩ 개선의 의지만 있으면 변할 수 있다.

13. 독서를 위한 열 가지 충고
① 말을 적게 하고 생각하는 시간을 마련하라.
② 책을 몸에 늘 지니고 다녀라.
③ 매일 아침 20분씩 일찍 일어나 책을 읽어라.
④ 책상 위에 항상 책을 펴두라.
⑤ 읽어야 할 책을 선정하고 목표를 세우라.
⑥ 매일 무슨 책들이 발행 되었는지 신간 안내를 보라.
⑦ 한 달에 한번만이라도 서점에 가보라.
⑧ 오늘 책을 읽지 않으면 책과 담을 쌓게 되어 텅 빈 인간으로 삶이 시작됨을 알라.
⑨ 공복감과 갈증을 독서에 대해서도 느끼라.

⑩ 오늘부터 읽기 시작하라.

14 인간관계 개선을 위한 열 가지 충고
① 먼저 칭찬할 것을 찾아 감사로부터 시작하라.
② 상대편의 잘못은 직접적인 표현보다 간접적인 표현으로 하라.
③ 상대방을 비난하기 전에 자신의 잘못을 먼저 말하라.
④ 무조건 명령하기보다 상대의 생각을 물어라.
⑤ 나의 기분을 생각하기보다 상대편 기분을 먼저 생각하라.
⑥ 상대방도 감정과 자존심이 있는 대상임을 알라.
⑦ 보잘 것 없는 일이라도 칭찬에 인색하지 말라.
⑧ 신뢰와 기대감을 주어 자부심을 갖도록 하라.
⑨ 남다른 재능은 아무리 작은 일이라도 격려해 주라.
⑩ 상대가 자진하여 도울 수 있는 기회를 주라.

15. 친구를 사귀기 위한 열 가지
① 우리를 향상시키는 것은 훌륭한 책과 훌륭한 친구임을 알라.
② 명랑하고 긍정적인 친구를 가까이하면 자신도 그렇게 된다.
③ 친구의 이야기에는 성실한 청취자가 되라.

④ 친구에게 질문하고 새로운 사항은 메모하는 관심을 가지라. 이것은 그를 인정하는 뜻이 된다.
⑤ 친구의 의견에 성급하게 반론을 제기하지 말라. 사람마다 관점이 다름을 인정해야 한다.
⑥ 남의 험담을 하는 친구를 권면할 자신이 없으면 그 자리를 떠나라.
⑦ 자기가 최고라고 생각하며 말하지 말라.
⑧ 내가 친구를 구하겠다는 생각을 버리라. 대체로 방탕의 길에 함께 휩쓸릴 뿐이다.
⑨ 모든 일에 책임 있고 성실한 모습을 보이라.
⑩ 책임감과 성실함을 갖춘 친구를 사귀라.

가정이 화목해야 매사가 잘 된다

 이 세상 남자들은 밖에서 열심히 일하고 집에 와서 휴식을 취하는 것이 통예로 되어 있습니다. 그런데 집에 와서 편히 쉬어지는 일은 좀 드물지 않나 생각 된다. 아내나 가족에 대한 가장으로서 세심한 배려가 필요하기 때문입니다. 다행히 부부간에 금슬이 좋으면 안락한 휴식처가 되지만 그렇지 못하면 밖에서 일하면서 받는 스트레스 이상으로 스트레스를 받습니다. 부부간의 금슬이란 나를 죽이고 상대를 잘 이해하는데서 오는 것입니다. 나는 여기서 가정의 화목을 위하여 남편들이 지켜야 할 몇 가지 계명을 소개해 볼까 합니다. 여기서 소개하는 말들은 가정을 보다 행복하게 이끌어가는데 꼭 필요한 지침서이기도 합니다.
 남편은 아내를 강하고 부드럽게 대하여야 합니다. 제 아무리 지성과 능력이 뛰어난 여성일지라도 남편에 기대어 때로는 온유하면서도 때로는 꼼짝 못할 정도로 사랑받기를 원합니다. 그러므로 때로는 강하게 혹은 부드럽게 대해야 훌륭한 남편소리를 들을 수 있습니다. 아내를 비판하지 말아야 할 것입니다. 아내를 자주 비판하고 비난을 하면 아내의 정서가 무감각해지고 우울증에 빠지기 쉽습니다. 급기야 자기 위치감이 상실되고 자녀 교육에도 문제가 생기고 최악의 경우는 이혼의 사태까지도 빚어질 것입니다. 또한 친구를 접대하기 위하여 아내를 힘들게 하는 일이 없도록 하여야 합니다. 혹은 친구를 집으로 초대하려면 사전에 상의하여 초대를 하되 그런 일이 잦아서도 안 될 일입니다. 아내와 단 둘이 있을 때에는 공손하고 다정하던 사람이 집에 손님만 오면 아내에게 함부로 큰소리치며 남편으로서의 권위를 지키는 그런 사람처럼 행동하는 그런 사람보다는 남들 앞에서도 아내와 다정다감한 면을 보여주는 것도 가정의 화목을 지키는 멋진 사람인 것입니다. 남자들은 밖에서 불편하던 일들을 자주 겪게 되는데 그 얼굴을 집에까지 가져오지 말 것이다. 자녀들이 있는데서 아내를 책하지 말 것이며 비판하는 것은 더욱 삼가 해야 할 것입니다. 남편들도 작은 일의 중요성을 알아야 합니다. 가령 결혼기념일이나 생일 등을 잊어버리거나 대수롭게 생각하지 않지만 행복한 가정을 영위하는 데는 이렇게 조그만 행복부터 찾아야 할 것입니다. 아내에게는 칭찬과 위로의 말씀을 자주 해야합니다. 아내에게 사랑의 표현을 자주하고 후하게 칭찬하고 아내의 장점만을 골라 능력을 인정하여 주고 칭찬을 아끼지 않는 것은 흔히 말하는 팔불출이 아니고 참으로 능력이 있는 것이며 가정에서나 사회에서 인생을 성공으로 이끌어가는 사람인 것입니다. 이기적인 남편은 집안의 중요한 문제부터 자녀 교육의 사소한 문제까지 스스로 결정하려 하는데 그다지 중요치 않는 일은 아내 혼자서 결정하도록 하여 일의 영역을 구분지을 필요가 있는 것입니다. 조금만 이해하면 되는 일에도 화를 내거나 험악한 인상을 주지 말고 이해와 사랑으로 대하여 아내에게 안정감을 주어야 할 것이며 함께 하고싶어 하는 아내의 마음을 읽어 자기의 주장만을 내세우지 말고 아내의 기분에 맞는 취미를 공유하도록 노력해야 합니다. 사소한 일로 잔소리하지 말고 아내의 개인적인 욕구를 찾아내어 만족시켜 주고 여자들은 감정의 변화가 심하다는 것을 염두에 두어야 합니다. 이렇게 하려고 하면 소위 말하는 군자들이나 가능할 것 같지만 염두에 두고 노력하면 보다 행복한 가정을 이룰 것임을 확신하면서 이 글을 소개하는 것입니다. 결혼 생활이란 호흡이 맞아야 영위할 수 있는 것입니다. 사랑과 기쁨이 있는 대신 성격이 다르고 자라온 환경이 서로 다른 부부 간의 공동생활이 결코 평탄하지만은 않은 것입니다. 그러나 상대를 이해하고 관용을 베푼다면 부부간에는 물론하고 부모간이나 자녀 그리고 친인척까지도 행복할 뿐 아니라 사회에도 크게 공헌하는 결과를 가져올 것입니다. 행복한 결혼 생활을 한다는 것은 좋은 배우자를 찾는데 있는 것이 아니고 올바른 배우자가 되는 것입니다. 결혼 생활은 배우자들이 서로 반씩 투자해서 이루어진 기업이 아닙니다. 좋은 가정을 이루기 위해서는 자기 자신을 100% 기꺼이 내 주어야 합니다. 먼저 이해하고 용납하고 대화를 가지고 서로 칭찬을 아끼지 않으면 아주 행복한 결혼 생활을 할 수 있는 것입니다.

결국은 자기 인생을 성공으로 이끌어 많은 사람들의 귀감이 되는 그런 사람이 모두 되길 바라는 것입니다.

부부와 가정 경제(돈)

돈. 돈이란 무엇인가. 어떻게 보면 돈이란 인간의 가장 위대한 발명품 중의 하나가 돈이 아닌가 생각됩니다. 돈이 사람을 죽이기도 하고 살리기도 합니다. 돈은 사람에게 복을 주기도 하고 저주를 주기도 합니다. 특히 돈은 부부와 가정을 행복하게도 하고 불행하게도 합니다. 급기야는 돈이 가정을 파괴하기도 합니다. 사람마다 돈에 대한 생각이 각기 다르기 때문에 돈으로 하여금 많은 사연들이 일어나는데 돈에 대한 생각을 올바르게 가지는 것이 가정을 행복으로 이끄는 길이기도 합니다. 돈이면 무엇이든지 할 수 있다는 생각을 버려야 할 것입니다. 돈이 우리 생활에 없어서는 안 될 중요한 필수품이지만 돈이 행복의 전부는 아닙니다. 돈으로 세상의 모든 것을 살 수 있을지라도 사람의 마음은 살수 없는 것입니다. 돈이면 무엇이든지 다 할 수 있다는 황금만능주의를 버려야 합니다. 돈은 사람이 살아가는데 필요한 물건을 살 수 있을지라도 사람의 마음의 평안은 살 수 없는 것입니다. 돈으로 온 가족의 마음은 살 수 없는 것입니다. 남편의 마음을 산다거나 아내의 마음을 돈으로 살 수 없는 것입니다. 그런데도 대다수의 사람들이 돈으로 행복을 사려고 하고 있습니다.

　요즘 어느 정도 잘 나가는 사람들, 소위 기러기 아빠들, 사회에서 성공하고 웬만큼 돈도 벌어 자녀들 부인과 함께 외국에 보내어 유학시키고 자기는 여기서 혼자 열심히 돈을 벌어서 외국에 보냅니다. 그러다 나이도 먹고 자녀들도 크고 했으니 돈 버느라고 가족들과 떨어져 살면서 젊은 청춘을 다 돈 버는데 바친 그는 이제 가족을 돌보기로 했습니다. 그런데 그 가족은 남편이 없어도 아빠가 없어도 문제없이 살도록 훈련이 잘 되어 있어서인지 자신이 가족들 사이에 설 자리가 없음을 깨닫게 된 것입니다. 오랜만에 자녀의 문을 열어 관심을 보이니 왜 그러느냐면서 귀찮게 여기고 부인도 자녀들하고만 사는 것이 익숙해져 남편이 다가오는 것을 꺼려했습니다. 남편은 무엇 때문에 인생을 살았는지 알 수 없을 뿐만이 아니라 인생의 허무함을 느꼈을 것입니다. 이 이야기는 사회적으로 성공했으나 남편과 가장의 자리를 잃어버린 사람의 예입니다. 이 경우 돈이 오히려 행복을 빼앗아 간 경우의 대표적 사례입니다. 이것은 돈으로 무엇이든지 할 수 있다는 생각이 나은 우리 사회의 불행한 모습이기도 합니다. 이따금 기러기 아빠의 자살하는 모습도 있지 않은가 말입니다. 그러므로 가정의 행복은 돈이 많고 적음에 있는 것이 절대로 아님을 기억해야 합니다.

  필자는 여기서 돈에 대한 생각이 남자와 여자가 서로 다름을 분석 해 보면서 배우자를 이해하는데 도움이 되길 바라는 바입니다. 남자는 돈이 인생의 전부일 수 있다고 생각하고 여자는 돈이 인생의 전부 일 수 없다고 그다지 중요하게 생각하지 않습니다. 남자는 돈이 생기면 미래를 생각하지 않고 빨리 쓰려 하지만 여자는 미래의 긴급 상황을 위해 가능한 한 많이 저축하려 합니다. 직장을 구할 때도 남자들은 보수에 중점을 두지만 여자들은 환경을 더 중시합니다. 물질의 나눔에 있어서도 남자들은 돈을 부모와 자식에게 최선을 다 하여 여유 있게 주려하지만 여자들은 미래를 생각하여 한계 내에서 줍니다. 남자들은 접대, 여행, 휴가, 오락 등을 위하여 돈을 있는대로 쓰지만 여자들은 절제하며 아끼는 성질이 있습니다. 남자들은 부수입을 많이 올려 가정에 재정적 필요를 충분히 채워 주어야 한다고 생각하지만 여자들은 돈으로 살 수 없는 중요한 일은 남편이 가족과 함께하고 집안일도 도와주는 것이 더 행복 하다고 느낍니다. 남자들은 자동차 등 큰 것을 먼저 사려 하지만 여자들은 가족과 함께 나눌 수 있는 식탁이나 응접 세트 등을 바꾸려 합니다. 남자는 아내의 돈 사용에 대하여 신뢰하지 않지만 여자들은 남편의 계획성 없는 돈 사용에 갈등을 느낍니다. 이러한 남자와 여자의 돈에 대한 생각이 현저하게 다르므로 부부간의 갈등을 느끼는 요인이 되는 것입니다.

　부부간에는 살아온 배경이 다릅니다. 적어도 돈에 관해서는 더욱더 다릅니다. 우리는 자라면서 부모로부터 관념이나 생각, 태도 등을 전수 받으면서 살아 왔습니다. 어려서부터 부모로부터 배운 행동이나 생각이 우리를 지배합니다. 적어도 돈에 관해서는 부모가 자녀와 돈에 관계된 대화나 행동은 부모가 어떻게 하였느냐에 따라 자녀의 삶이 달라지는 것입니다. 그러므로 부모는 돈에 관해서라면 남자와 여자가 서로 차이가 있음을 이해하고 상대편을 용납하고 하나가 되려는 부단한 노력이 필요한 것입니다. 성경에 "너희는 세상의 빛이라" 라고 했습니다. 우리 삶의 모든 행동이 자녀들이나 혹은 타인에게 그대로 보여지는 것임으로 모든 면에서 모범이 되려고 부단히 애쓰라는 말로 해석되어질 것입니다. 부부 간에는 어느 한쪽이 번 돈이라도 부부 공동의 것이다. 내가 벌었으니까 내것이라는 어리석은 생각은 말아야 합니다. 돈에 관해서 부부간에 투명하지 못하면 그것은 반드시 다른 갈등으로 이어지는 것입니다. 나만의 통장, 나만의 호주머니, 나의 비자금을 가지려 할 때 부부 사이를 가로막는 담이 생기게 되는 것입니다. 딴 주머니를 찬다는 것은 그 뜻이 아무리 숭고하다고 해도 부부의 하나됨을 파괴하고 심지어는 부부 갈등의 큰 요인으로 발전하여 갑니다. 이것은 너 따로 나 따로 발전할 수 있는 아주 위험한 일이기도 합니다. 요즘 여성들의 사회 진출이 늘면서 따로 경제가 늘어나는 추세입니다만 이런 경제적인 독립은 자칫하면 결혼 생활의 독립까지 갈 수도 있습니다. 한마디로 이것은 배우자에 대한 불신에서 따로 경제가 시작되는 것입니다, 배우자를 진정으로 믿어 돈 문제에 있어서도 하나가 되어야 진정으로 행복한 부부 신뢰하는 부부가 될 수 있습니다.

  돈은 공동 소유임으로 쓰는데 있어서도 대화가 있어야 합니다. 용돈 정도의 적은 돈은 서로가 자율권을 인정해야 되지만 어느 한쪽이 큰 돈이라고 생각하는 정도의 규모는 무조건 대화하여 협의를 거쳐서 사용해야 합니다. 이런 대화가 없을 때 부부간에 원인 모를 갈등이 생기기도 합니다. 아무리 좋은 뜻을 가진 사용처라도 합의하여 사용해야 합니다. 심지어는 교회에 내는 헌금에 이르기까지도 독단으로 드려서 부부간의 하나됨을 파괴하는 일이 없어야 할 것이다. 무조건 쓰고 나서 '어떻게 되겠지' 하는 무책임한 일은 없어야 합니다. 부부간에 계획이 있는 지출을 하여야 합니다. 기독교인들 중 어떤 사람이 감동을 받아서 엄청난 작정 헌금을 마음대로 해놓고 고민하는 사람도 있을 법 합니다. 혼자서 고민하다가 "하나님을 위하여 한 일인데 하나님이 채워 주시겠지" 하는 사람이 있다 합시다. 이런 신앙은 잘 못된 신앙임에 틀림없다고 생각됩니다. 필자는 이런 사람에 대하여 이렇게 말해주고 싶다. "하나님은 인간으로 하여금 인간의 능력을 사용하기를 지시하시며 우리의 행동에 대하여 책임지도록 가르치십니다. 우리가 하나님께 도우심을 구할 때는 더 큰 책임감이 필요합니다." 우리의 모든 가정이 돈에 대하여 부부가 함께 소유하고 함께 사용하는 갈등이 전혀 없는 가정들이 되기를 바랍니다. 그리하여 범사에 형통한 복, 물질의 복, 건강의 복을 많이 받아서 어려운 이웃과 사회를 위해서 마음껏 쓰고도 남는 풍요로움이 있기를 진실로 바랍니다.

술에 관련된 생활의 변화

 필자가 지금까지 살아오면서 겪었던 술에 관련된 이야기들을 해 볼까 한다. 술을 즐기느냐 즐기지 않느냐에 따라서 술에 대한 견해가 천차만별이기도 하지만, 여기서 술 이야기를 하려고 하니까 어렸을 적 생각이 난다. 옛날에는 시골에 마을마다 술 먹이라는 잔치가 1년에 한 번씩 있는데 칠월 칠석을 전후해서 1주일씩 축제의 시간을 가졌다. 마을 사람들이 재산의 정도에 따라 쌀 몇 말씩 거출하여 풍물놀이를 하면서 모여서 윷놀이도 하고 농사 지으면서 겪었던 정보들도 나누면서 먹고 즐기면서 1주일간의 축제가 이루어지는 것이다. 지금 브라질에서 범국민적인 쌈바축제가 있다면 예날 우리나라에는 마을 단위의 술먹이 축제가 있는 것이다. 이 술먹이 축제를 브라질처럼 관광자원으로 승화시키지 못한 아쉬움을 안고 술에 관련된 몇 마디 이야기를 적어 볼까한다.

당시 필자는 초등학교 시절이니까 술하고 우리들하고는 거리가 멀었다. 음력 칠월 초순이면 농사일이 거의 끝나고 결실을 기다리는 말하자면 여름 농한기이기도 했던 것이다. 학생들은 여름방학이고 그야말로 남녀노소 할 것 없이 약간의 여유를 가질 수 있는 시기인 것이다. 집집마다 순번대로 돌아가면서 공동으로 먹거리를 장만하여 먹고 놀며 즐기는 축제다. 이 축제에서 주된 메뉴는 술임에 틀림이 없다. 동네 골목대장들은 들판에 나가 호박이란 호박은 다 따서 나르는 것이다. 술먹이 잔치 기간 동안에는 누구네 호박을 따와도 면죄부가 되는 것이다. 동네 꼬마들 이따금 어른들한테 들킬세라 물바가지에 막걸리 한 바가지 퍼가지고 짚 비눌(볏짚을 땔감으로 사용하기 위하여 쌓아둔 무더기) 뒤에 숨어서 모여 앉아 한 모금씩 교대하여 마시곤 하던 어린 시절의 추억을 더듬으며 술이 우리 생활에 얼마나 많은 활력을 불어넣느냐도 가히 짐작이 가곤 한다. 애주가들은 술이란 세상에서 없어서는 안 될 가장 중요한 식품으로 일생의 모든 대소사들이 술로 하여금 비롯된다고 말하기도 한다. 그러니 금주가들은 술은 만병의 근원이며 범죄를 잉태하는 아주 나쁜 음식으로 여겨 오고 있다. 필자는 여시서 술에 관한 많은 이야기들을 최대한 많이 나열하여 술의 좋고 나쁨은 독자들의 판단에 맡길까 한다. 우리나라 기독교에서는 술은 절대로 금기시되고 있는 것이 대다수이다. 심지어는 기독교 신자가 술을 먹는다는 것은 신앙심이 아주 약한 죄인 취급을 당하기도 한다. 그러나 외국에 기독교에서는 술을 금하지 않는데 유독 우리나라에서만 금하는 이유를 알아보았다.

 아주 옛날 기독교 문화가 대원군의 쇄국정책에 막혀 들어오지 못하다가 어느 땐가 일시에 선교사들이 들어왔다. 와서 보니 가난하고 미개한 나라에서 술과 담배의 문화는 발달되어 있었다. 술과 담배의 문화가 지나치게 발달하여 이로 인하여 사람들을 개화시키는데 큰 걸림돌이 되었다. 그리하여 선교사들이 술을 금하여 오늘날 한국 교회에서는 술을 금하는 전통이 이어지고 있다는 것이다. 그러면 성경에서는 술을 어떻게 말하고 있는지 알아보기로 하자. 여기서 '기독교인이 음주하는 것은 죄인가?' 라는 질문에 대하여 성경적으로 알아보려고 한다. 성경에서 음주는 그 자체를 단죄하지는 않는다. 그러나 술은 죄악의 원인이 될 수 있음을 분명히 하고 있다. 그러므로 우리가 죄악으로부터 멀리하고자 하면 당연히 술을 멀리해야 할 것이다. 술에 관한 성경 구절을 찾아보면 잠언 20장 1절에 '포도주는 사람을 거만케 하는 것이요 독주는 떠들게 하는 것이라 무릇 이에 매혹되는 자에게는 지혜가 없느니라.' 창세기 9장 21절에는 포도주 마시고 창피 당하는 장면이 있다. 그리고 잠언 21:17에 보면 '쾌락을 좋아하는 자는 가난 하게 되고 술과 기름을 좋아하는 자는 부하게 되지 못하느니라.' 또 잠언 23:20~21 '술을 즐겨하는 자와 고기를 탐하는 자로 더불어 사귀지 말라. 술 취하고 탐식하는 자는 가난하여 질것이요 잠자기를 즐겨하는 자는 해어진 옷을 입을 것임이라.' 여기서는 술은 시간과 정력과 돈의 낭비로 사람을 가난하게 만든다고 강조하였다. 잠언 23:30~35에서는 '재앙과 근심과 분쟁이 술에 잠긴 자에 있으며 술은 판단력을 흐리게 하여 결국은 사람을 파경으로 이끌 것임으로 술을 연속하여 마시지 말라.'하였다. 이사야 5:22~23에서는 '포도주를 마시기에 용감하며 독주를 빚기에 유력한 그들은 화 있을 진저 그들을 뇌물로 인하여 악인을 의롭다 하고 의인에게서 그 의를 빼앗는 도다.' 여기서도 정의를 잃어버리고 판단력이 없어짐을 강조하였다. 잠언 31:4~5 "르무엘아 포도주를 마시는 것이 왕에게 마땅치 아니하고 독주를 찾는 것이 왕에게 마땅치 않도다. 술을 마시다가 법을 잊어버리고 모든 간곤한 백성에게 공의를 굽게 할까 두려우니라. 독주는 죽게된 자에게 포도주는 마음에 근심하는 자에게 줄지어다." 여기서도 술은 정의를 잊어버리는 것이라 하였다. 이사야 28:7에서도 술은 사람의 판단력을 흐려지게 함을 강조했다. 하박국 2:15~16에서 "이웃에게 술을 마시우되 자기의 분노를 더하여 그를 취하게 하고 그 하체를 드러내려 하는 자에게 화 있을 진저 네게 영광이 아니요 수치가 가득한즉 너도 마시고 너의 할례 아니 한 것을 들어내라. 더러운 욕이 네 영광을 가리우리라" 여기서는 술은 다른 사람으로 하여금 범죄케 한다고 하였다. 호세아 4:11절과 마태복음 24:48~51에서는 항상 깨어있는 정상적인 생활을 하지 못한다고 하였다. 고린도 전서 6:9절과 갈라디아서 5:19~21절에서는 하나님 나라에서 제외된다고 했다. 심지어는 우상숭배, 시기, 방탕함, 화냄, 투기 등과 같은 맥락에서 취급하기도 한다. 로마서 14:21에는 믿음이 약한 형제를 시험에 들게 한다고 했다. 그 밖에도 성경에는 술에 관한 말씀이 더 있으나 대체로 분석해 보면 술은 사람을 거만하게 하고 시간과 돈을 낭비하고 판단력이 흐려지고 정의를 잊어버리고 다른 사람을 범죄하게 하고 인간으로의 품위를 잊어버리고 절제된 참 생활을 할 수 없으며 하느님 나라에서 환영하지 않는다는 것이다. 아무튼 술을 마시지 말라는 말은 없으나 술은 우리 인생을 나쁜 길로 인도한다는 아주 부정적인 말들만 하는 것이다. 기독교적 차원에서가 아니고 일반적인 생각으로는 술은 오래 전부터 사람들에게 아주 매혹적인 것이다. 술은 사람을 유쾌하게 하고 고통을 잊어버리게 하는 최면제 역할을 하기 때문이다. 그러나 부정적인 면으로는 사람의 신경조직을 파괴시킬 뿐 아니라 두뇌의 지시 명령 계통을 마비시켜 말이나 행동의 판단력과 자제력을 잊어버리게 한다. 그러므로 사항판단이나 사물을 제대로 분별하지 못하는 경우가 허다하며 때로는 말이나 행동의 실수로 인한 범죄로 이어지기까지 한다. 또한 건강적인 측면에서 보면 술을 마시면 위궤양, 당뇨, 치매, 기억력상실, 손발저림, 감각기관의 둔화, 뇌 세포 파괴, 간질병의 유발 등 발병 확률이 7.5배나 더 많아진다고 한다. 또 술은 질병뿐 아니라 가정과 사회에서 일어나는 갈등과 싸움의 원인을 제공한다. 술은 떠들게 하고 거만하게 하고 싸움을 일으키고 실수를 만드는 주범이다. 술 취한 사람은 쾌락을 쫓기 때문에 하나님을 멀리하고 심지어는 교회를 떠나기도 한다. 성경에 농사지은 포도주 마시고 벌거벗고 자던 노아의 망신당한 이야기나 잠언의 여러 곳에는 술은 죄악의 원천이며 가난의 출발점이 됨을 지적하며 술은 쳐다보지도 말라고 경고하고 있다.(잠23:31) 이제까지 술에 대한 이런 저런 이야기를 했으나 술에 대한 판단은 독자들 몫이며 음주는 범죄일 수는 없으나 긍정적인 면보다 부정적인 면이 더 많은 것 같으니 취하지 않게 적당히 마시는 지혜가 필요한 것이다. 한두 잔의 음주는 건강에 도움이 된다는 말도 있으니까 말이다.

여기서 술은 의학적인 측면에서 우리 인체에 어떤 영향을 미칠까 알아보자. 지속적인 폭음이나 과음은 지방간이나 간 경화를 일으킬 뿐 아니라. 뇌신경이나 심장, 위장 등 몸 안의 여러 곳에 악영향을 끼친다고 한다. 술이 우리 인체의 곳곳에 미치는 영향을 어느 기자의 글을 인용하여 소개하겠다.

● 중추 신경계: 알콜을 조금 마시면 중추 및 말초 신경을 흥분시켜 기분이 좋아진다. 하지만 지나친 음주는 충동 억제 중추의 기능이 억제되어 쉽게 공격적이거나 난폭하게 된다. 또 장기간의 과음은 뇌세포 파괴를 촉진시켜 뇌 기능을 억제한다. 폭음으

로 인한 필름 끊김 현상이 반복되면 뇌신경 손상으로 치매에 걸릴 위험도 높아진다.

● 간장: 간은 술의 주성분인 알코올을 분해하는 기능을 하지만 정작 간자체도 알코올이나 알코올의 대사 물질인 아세트알데히드에 의해 손상을 받는다. 대표적으로 간세포에 지방이 과도하게 축적되는 지방간(쉽게 피로하고 식욕이 없고 헛배가 부르면 지방간가능성이 크다. 이는 최근 젊은 연령층의 사망 원인이 되기도 한다) 만성 알코올 중독증 환자들에게 흔히 보이는 알코올성 간염은 간경화의 전 단계로 생명의 위협을 받기도 한다.

● 소화기계: 알코올은 구강과 식도를 거쳐 위장과 소장에서 흡수 된다. 알코올의 도수가 높은 술은 공복에 마시거나 장기간 마시면 위장의 상피 점막 세포를 자극하여 탈수 현상과 염증을 일으킨다. 이것이 심하면 근육층을 파괴하여 위궤양을 일으키고 이것이 악화되어 위장 출혈의 원인이 된다. 장 점막이 손상되면 영양가의 흡수에도 장에가 발생하여 영양결핍의 원인이 되기도 한다. 이와 함께 지나친 과음은 소화액을 분비하는 췌장을 자극하여 극심한 통증을 유발하는 췌장염을 일으킬 수 있다. 췌장염이 장기간 지속될 경우 인슐린 분비기능의 감퇴로 당뇨병을 유발할 수 있다.

● 심혈관계: 알코올은 심장에도 악영향을 준다. 알코올의 대사 물질인 아세트알데히드 심근을 손상시키는 작용을 하기 때문

에 실제로 알코올 섭취가 많은 사람은 심장에 혈액을 공급하는 관상동맥에 질환이 걸리는 빈도가 높다. 상습적으로 알코올 섭취량이 많은 사람은 고혈압 발생률이 높다는 연구 결과가 있기도 하다.

● 암과의 연관성: 알코올은 암의 직접적인 원인이 되진 않는다. 그러나 지속적으로 도수 높은 술을 많이 마실 경우 구강이나 인두, 식도 등의 점막을 손상시킬 수도 있다. 따라서 이것을 바로 치료하지 않으면 알코올이 암 발생의 원인이 되기도 한다.

● 태아에 미치는 영향: 여자인 경우 임신 중 음주를 하면 알코올의 대사산물인 아세트알데히드가 태아의 뇌 발달 및 중추 신경계를 교란시킬 위험이 있다. 이는 기형아나 성장 발달 지연, 심장 이상 등을 특징으로 하는 태아 알코올 증후군을 유발하는 원인으로 지적된다.

● 기타: 단기간에 과음하면 세포내의 신호 전달 및 단백질 기능조절 능력을 갖고 있는 칼슘이 오줌으로 배출되어 칼슘의 체내 농도가 떨어진다. 칼슘이 부족하면 인체의 조골세포에 직 간접 영향을 주어 빈혈을 일으키고 뼈의 기능을 약화시키며 골다공증을 촉진한다. 또 남성 호르몬과 성장의 감퇴로 고환이 줄어들고 성욕이 없어지며 발기 부전을 유발할 수도 있다. 지나친 음주는 비만 등 성인병의 원인이 되기도 한다.

알코올이 우리 인체에 미치는 영향이 이렇게 방대함을 생각할 때 술을 즐기는 것은 우리 인체를 혹사하는 것과 같다. 그러므로 술에 대한 경계심이 필요한 것이다. 때로는 술자리를 피할 수 없을지라도 최대한 음주를 줄이는 것이 상책일 것이다. 우리 인간이 품위를 유지하며 살기 위해서는 건강이 제일인데 건강을 해치는 일은 삼가해야 하지 않겠는가. 필자는 여기서 음주는 하는 것보다 하지 않는 것이 좋다는 것을 주장하는 바이다.

건강을 지키기 위한 음주 수칙

하나님이 창조하신 것 중에 가장 성공적인 것은 술이라고 한다. 술을 통하여 인간관계를 유지하고 우리의 크고 작은 일들을 해결하곤 한다. 또한 적당히 마시는 술은 우리 몸에 보약과 같은 역할을 하기도 한다. 그러나 술을 아무렇게나 마시면 우리의 몸을 망친다는 사실은 두말할 나위 없는 것이다.

필자는 전자에 술을 미시는 것보다 안 마시는 것을 주장하였으나 여기서 기왕지사 마신다면 건강을 지키기 위한 음주수칙을 말하여 술을 독이 아닌 약으로 마시기를 바라는 것이다.

1) 과음이나 폭음은 절대로 해서는 안 된다.

과음과 폭음은 정신적 신체적으로 커다란 손상을 가져오며 여러 가지 질병을 유발하는 원인이 된다. 위장이 손상되고 간질환이나 심장질환이나 뇌까지 영향을 미친다고 한다. 그로 인하여 건강에 대한 자신감의 상실은 물론이고 가족이나 관련된 다른 사람에게 피해를 끼치기도 하는 생활에 치명적인 결과를 초래하는 것이다.

2) 첫잔은 오랫동안 천천히 마셔라.

도수가 높은 술을 처음부터 단숨에 마시면 위벽이나 위 점막에 심한 손상을 주기도 하고 몸 전반에 무리를 주게 된다. 급히 마시는 술은 혈중 알코올 농도를 급격히 높여 중추 신경을 마비시켜 급성 알코올 중독을 유발한다. 또한 급하게 계속 마시면 뇌성마비까지 진척되고 호흡장애 등 혼수상태로 사망에 이르기도 한다.

3) 대화를 안주 삼아서 마셔라.

혼자서 술을 마시면 속도가 빨라지고 양도 많아지게 된다. 기분이 나쁠때 주로 혼자서 마시게 되는데 빨리 취하고 심각한 행동으로 돌변할 수 있어 좋지 않은 결과를 가져오기도 한다. 또한 습관적으로 혼자서 자주 마시는 것은 알코올 중독에 이르는 지름길이기도 하다.

4) 주량이 많다고 자만하지 말라.

술을 마실수록 주량이 늘기는 하지만 알코올에 대한 저항력이 높아지는 것은 아니다. 술 앞에서는 겸손해야 한다.

　5) 안주를 잘 먹으면서 마셔라
　공복에 술을 마시면 알코올의 흡수 속도가 빨라지고 혈중 알코올 농도가 급격히 상승한다. 또한 위 점막을 손상시키고 컨디션도 나쁘게 한다. 음주 전에 안주를 먹는 것을 원칙으로 하고 건배한 뒤에도 잔을 내려두고 음식을 먹는 습관을 길러야 할 것이다. 술안주로는 고단백 음식이 좋다 지방이 많은 음식은 지방간의 원인이 되고, 고단백 음식은 알코올 해독은 물론이고 에너지원 구실을 한다.

　6) 술을 마시면서 피우는 담배는 독이다.
　니코틴은 알코올에 잘 용해됨으로 술 마실 때 담배를 피우면 술이 더 빨리 취하고 사람이 녹초가 된다. 니코틴 말고도 담배에 포함된 화학 성분이 알코올에 잘 용해되어 각종 질병의 면역력이 약화되는 것이다. 술을 마시면서 담배를 많이 피우는 사람은 구강암, 식도암 후두암 등에 걸리기 쉽다.

　7) 술을 거절하고 싶을 때는 단호히 거절하라.
　어느 경우든 술을 마실 때는 자신의 의지여하에 달려있다. 술을 마실 것인지 안 마실 것인지는 자신이 알아서 결정할 일이다.

더 이상 마시고 싶지 않을 때는 마시지 말아야 한다. 또한 남한테 술을 권하는 것도 자제해야 할 것이다.

8) 무리하게 술을 권하지 말라.

우리 민족은 정이 많은 관계로 술자리에서는 서로 술을 권하면서 마시는 것을 미덕으로 알고 있다. 그러나 술자리에서는 다른 사람의 의견을 존중하고 술을 억지로 강요하지 말아야 한다. 시대의 발전과 변화에 따라 사람의 의식구조도 많이 변하여 있다. 사람마다 그날의 컨디션과 주량이 각기 다르기 때문이다. 술을 지나치게 강요하는 것은 그 사람의 건강을 해치고 생활 리듬을 훼손시키는 결과를 초래하기 때문이다. 더 나아가서는 그 사람의 가정생활에도 영향을 미치기도 하는 것이다.

9) 술 앞에 겸손할 줄 알아야 한다.

술은 마실수록 늘기는 하지만 그렇다고 알코올에 대한 저항력이 높아지는 것은 아니다. 나이가 들수록 술에 대한 저항력은 낮아지기 때문이다. 술이 세다고 자만해서는 절대로 안 된다.

10) 임산부의 음주는 절대로 안 된다.

임산부의 음주는 자신의 건강은 문론 태아에게 치명적인 피해를 준다. 혈중 알코올은 태반을 통해 곧바로 태아한테 가는데 이

때 태아의 혈중 알코올 농도는 모체와 똑같다. 이때 모든 독성이 태아에게 전달되어 유산이나 조산의 위험도 있지만 발육장애, 지능장애, 언청이와 같은 기형아가 될 가능성이 크다. 임신 3개월경은 특히 조심해야 하고 소량의 음주도 삼가해야 한다.

11) 간을 위한 음주 법

간은 우리 몸의 모든 독성을 분해시키는 아주 중요한 역할을 하는 것이다. 간의 입장에서는 알코올도 독성의 하나이기 때문에 간에서 모두 분해시킨다. 그런데 분해할 능력 이상의 알코올을 마시면 아세트알데히드가 분해되지 않고 간에 남아 간 조직을 자극하고 지방을 쌓이게 하여 지방간 등 간 질환을 야기시킨다. 과음을 하면 약 72시간 내에는 절대로 다시 과음을 하지 말고 간이 쉴 수 있는 여유를 주어야 할 것이다. 잦은 음주는 지방을 쌓이게 하여 비만의 원인이 되는 것도 명심해야 할 것이다.

12) 약하고 같이 술을 마시지 말라

약을 먹고 술을 마시면 약을 제쳐놓고 알코올부터 분해한다. 그러면 약의 분해가 늦어져 약효가 없어지거나 약리 작용이 과하게 나타난다.

13) 음주운전은 살인 기도

음주운전은 사회적으로도 절대적인 죄악으로 취급당하지만 개인 적으로 생각해 봐도 절대로 음주운전을 해서는 안 됨은 두말할 나위 없는 것이다. 여기서는 언급하지 않겠다.

14) 음주 후 운동하는 것은 삼가해야
술을 마시면 반사 신경이나 판단력이 둔해져 자신이나 남을 다치게 한다.
또한 심한 운동은 심장에 부담을 주어 사망에 이르는 수도 있다. 그러므로 음주 후 수영이나 사우나 등도 피해야 하는 것은 당연한 것이다.

품위 유지와 건강을 위한 삶의 지혜

　사람이면 너 나 할 것 없이 건강하게 오래살기를 바라고 있다. 그러나 그 소망은 우연이나 저절로 이루어지는 것이 아니다. 우리가 건강을 유지하기 위해서는 지켜야 할 일과 해서는 안 될 일이 있다. 우리가 이것을 분명히 알고 꾸준히 지켜나가야 하는데 건강하고 오래 살기 위해서 우리가 지켜야 할 사항이 무엇인지 알아보기로 한다. 우리의 신체는 아주 정밀하고 정교한 구조로 되어있다. 다시 말하면 하나의 정교한 기계와도 같은 것이다. 가령 자동차나 비행기를 생각하면 아무런 탈 없이 타고 다니려면 꾸준히 기름 치고 정비를 해야 하는 것이다. 정비를 하는 데는 간단한 정비부터 기술이 요하는 중 정비와 정기 점검이 있다, 자동차가 운행하는 데는 엄격한 규칙을 잘 지켜야 사고가 나지 않는다. 마찬가지로 사람이 살아가는데 주어진 시간을 건강하게 잘 살아가려면 지켜야 할 규칙을 잘 지키고 이를 꾸준히 실천해 나가야 할 것이다. 여기서 우리가 건강 장수를 위하여 지켜야 할 준수 항목이 무엇인지 알아보기로 한다.

1) 마음을 평안히 가져야 한다.

모든 병마는 마음가짐에서 비롯된다. 심한 걱정 근심이나 신경을 많이 쓰면 소화가 안 되고 잠을 못 이룬 경험을 하곤 한다. 마음의 불안을 없애려고 약을 먹거나 여러 가지 노력을 하고 있지만 마음의 평안을 얻지 못하고 고통을 겪기도 한다. 이런 불안을 없애기 위하여 술을 마시기도 하고 신경 안정제를 먹기도 한다. 그러나 이것은 잠깐의 위로는 될지 모르나 술이나 약기운이 떨어지면 불안은 되살아나곤 한다. 우리는 이런 불안의 원인을 근본적으로 제거해야 한다. 이 근본적인 원인은 마음가짐에 있다고 생각된다. 불안을 느끼지 않고 평안히 살려고 하면 다음 몇 가지를 지켜야 할 것이다.

첫째, 세상을 긍정적으로 보아야 한다. 같은 일이라도 부정적으로 보는 사람과 긍정적으로 보는 사람이 있는데 사안을 냉철하게 판단하여 가능한 부정적인 생각보다 긍정적인 생각을 하여야 할 것이다. 부정적인 사고는 발전도 없고 퇴보적이며 속만 썩고 마음의 불안을 느끼는 것이다. 여기서 이해를 돕기 위하여 우리가 잘 아는 이야기 하나를 예로 들어 본다.

우산 장수인 아들과 짚신 장수인 아들을 가진 어머니가 있는데 비 오는 날은 짚신 장수 걱정을 하고, 해가 뜨는 맑은 날은 우산 장수 걱정을 한다면 이 어머니는 근심과 걱정 속에서 살 것인데 비 오는 날은 우산 장수가 잘 되는 생각을 하고 맑은 날은 짚신 장수가 잘 되는 생각을 한다면 이 어머니는 날마다 얼마나 행복하겠는가. 이렇게 같은 사안이라도 긍정적인 생각으로 산다면 항상 즐거운 삶을 살아갈 것이다.

둘째, 남을 용서하여야 한다. 세상에서 사람들이 살아가는 것을 보면 싸움터로 보아도 지나치지 않을 만큼 많이 다투면서 살아간다. 이것은 남을 용서하는 마음들이 없기 때문이다. 남의 허물은 들춰내면서 자기의 허물은 아무리 큰 허물이라도 감추려고 하기 때문이다. 모든 사람은 신이 아니기 때문에 실수를 하기 마련이다. 잘못한 사람은 솔직히 자기의 잘못을 시인해야 할 것이고 남의 잘못은 지체 없이 용서해야 할 것이다. 남을 용서하면 마음이 평안하고 상호간에 평화가 온다. 문제가 크거나 작거나 간에 용서가 없으면 다툼은 계속될 것이며 마음은 불안하여 평안을 얻기란 불가능 할 것이다.

셋째, 필히 자급자족을 하여야 한다. 아무리 많은 재산과 높은 신분과 드높은 명예를 가지고도 자족하지 못하고 마음 조리며 불행하게 사는 사람을 많이 본다. 사람이 더 많은 재산을 늘리고 더 높은 명예를 추구하여 많은 사람들의 존경을 받으며 살려는 것은 인간의 기본 욕구이며 현실보다 더 나은 것을 이루고자 하는 성취욕이 있다는 것은 좋은 것임에 틀림이 없다. 이런 성취욕으로 하여금 세상이 발전하고 삶의 질이 높아지는 것은 틀림이 없다. 그러나 사람들은 자족을 모르고 꾸준히 욕구만을 추구할 때 건강은 무너지기 마련이다. 만약에 큰돈을 벌었으면 국가나 사회에 감사해야 할 것이며 이 돈을 자기를 위하여 쓰기보다 남을 위하여 보람 있게 쓸 때 마음의 평안은 물론 즐거움으로 넘치게 될 것이다. 우리는 범사에 감사하고 자족하는 마음가짐으로 즐거운 삶을 살아가도록 노력해야 할 것이다.

넷째, 신앙생활을 해야 한다. 마음의 평안을 주는 데는 신앙생활만큼 좋은 것은 없다. 사람이 막다른 골목에 접하게 되면 절대자를 찾기 마련이다. 어머니를 찾는다거나 아버지를 찾는다거나 하나님을 찾기도 한다. 이것은 막다른 골목에서 돌파구를 찾지 못해 고통하다가 한 가닥의 희망이기도 한다. 신앙을 갖는다는 것은 매일 저지르는 자기 잘못에 대하여 용서의 길을 얻을 수 있기 때문에 마음의 평안을 얻을 수 있고 건강 장수 하는 비결이기도 하다. 직업별 통계로 보면 목사님들이 가장 장수한다는 것도 이 때문이 아닌가 생각된다.

2) 먹는 것을 절제하여야 한다.

사람들은 누구나 건강하고 오래 살기를 소망한다. 어떻게 하면 무병장수할까 영원히 죽지 않는 묘책은 없는가를 찾아 헤매고 있다. 중국의 진시 황제는 500명을 보내어 불로불사약을 구하러

보냈는데 돌아오기 전에 죽고 말았다는 고사도 있다. 요즘 사람들도 옛날과 같이 몸에 좋다는 것은 닥치는 대로(인삼, 녹용, 개구리, 각종 쓸개, 지렁이 심지어는 뱀까지) 먹어 치우고 있는데 이것은 다시 한 번 생각해 볼 필요가 있다. 건강이란 크면 큰대로 작으면 작은대로 균형이 유지된 상태를 "건강 하다"라고 할 수 있다. 그러므로 무엇을 오랫동안 먹는 것은 균형을 무너뜨리는 결과가 되어 오히려 건강을 해치게 되는 것이다. 인삼이나 녹용은 전문가들에 의하면 좋은 약임에 틀림이 없지만 그 사람의 건강상 그 사람한테 필요한 만큼 먹어야 약이지 그 이상은 낭비이며 오히려 해롭다는 사실을 명심해야 한다. 사람이 살아가려면 필요한 영양을 공급하기 위하여 먹어야 하는데 먹는 방법에 대하여 여러 가지 가르침이 있지만 여기서는 무병장수를 위한 먹는 방법을 크게 몇 가지로 요약하여 말해 볼까 한다.

첫째는 소식小食입니다.

적게 먹어야 한다. 옛날 어른들은 상머리에서 적게 먹기를 가르친 교훈이 있기도 합니다. '미운 사람 밥 한술 더 주라'는 속담이 있기도 합니다. 멍청한 사람이 밥을 많이 먹는다는 말도 있다. 밥을 많이 먹으면 몸이 무거워 움직이기 싫어지고 살이 찌기 마련이다. 살이 많이 찌면 이것은 만병의 근원이기도 합니다. 적게 먹으면 몸이 가볍지만 과식하면 탈나기 마련입니다. 과식은 절대 금물입니다.

둘째도 소식素食 입니다,

 기름기 많은 육류를 지나치게 많이 먹지 말고 섬유질 식품을 많이 먹으라는 것이다. 가능하면 채소를 많이 먹어야 할 것이다. 참고로 채소 중 양파가 섬유질이 가장 많다고 한다. 우리가 먹고 있는 다양한 채소들은 각기 독특한 영양소를 가지고 있어 골고루 섭취하는 것이 균형을 유지하는 비결이기도 하다.

 셋째는 편식을 피하고 균형 있게 골고루 먹어야 한다.

 인간은 생명을 지탱하기 위하여 먹어야 한다. 밥을 주식으로 하여 여러 가지 음식을 먹고 있는 것이다. 주식으로는 쌀을 위주로 하기보다는 오곡을 골고루 섭취하는 것이 균형 있는 영향을 섭취하는 것이다. 특히 콩은 우리 몸에 크게 유익함을 모두가 아는 사실이다. 곡식류 이외에도 여러 가지 채소류 감자, 오이, 수박, 참외 등의 과채류, 바다에서 나오는 어패류, 해조류, 생선 등 건강식이 얼마든지 많은데 골고루 먹는 지혜를 발휘해야 할 것이다.

 넷째는 정한 시간에 규칙적으로 먹어야 한다,

 아침식사, 점심식사, 저녁식사는 필히 정해진 시간을 꼭 지켜서 먹어야 한다. 정해진 시간에 식사를 균형 있게 한다는 것은 우리의 신체 리듬을 맞추는 일인 것이다. 의학 상식에 의하면 우리가 음식을 먹으면 위에서 위산이 분비되어 소화가 되는데 정하여진 시간에 음식이 들어옴으로 일정기간이 지나면 음식을 먹지 않아도 조건 반사적으로 위산이 분비되는 것이다. 그러나 공복 상태에서 위산이 분비되면 위벽이 손상되고 이것이 반복되면 궤양으로 진전합니다. 우리 주변에 대체로 식사를 불규칙하게 하는 사람은 속이 쓰려 고생하는 사람을 많이 볼 수 있다. 아무리 바빠도 정한 시간에 식사를 하도록 해야 한다. 특히 요즘 아침식사를 거르는 사람들이 많은데 이것은 자기 수명을 단축한다는 것을 명심해야 한다.

다섯째 공해 식품에 유의해야 한다.

옛날 청정지역에서 자급자족하던 시대에는 공해 문제에는 걱정이 없었다. 그러나 지금은 다르다. 각종 농약이나 방부제 촉진제 등 많이 사용하는데 이들은 부지중에 우리의 건강을 해치고 생명을 단축하는데 큰 역할을 하는 것이다. 잘 씻어 먹고 직접 길러서 먹는 노력이 필요하다.

여섯째 간식을 해서는 절대로 안 된다.

간식은 생체 리듬을 흔드는 결과를 가져오며 비만의 원인이 되기도 한다. 비만증 환자들은 대체로 간식을 즐겨하는 사람들임을 봐도 간식은 절대로 해서는 안 된다는 것을 알 수 있다.

3) 잠을 알맞게 자야 한다.

건강을 위해서는 잠이 얼마나 중요한지 아는 사람은 그리 많지 않다. 누구나 경험한 일이지만 하루 종일 일을 한다거나 심한 운동을 한다거나 한 후 한잠 푹 자고나면 새로운 힘이 솟는 것을 알 수 있다. 하루에 수면시간이 얼마나 되어야 적당한지 알아보면 이것은 사람에 따라 다르고, 잠의 질에 따라 다르고, 또한 연령에 따라 다르기도 하지만 일곱 시간에서 여덟 시간이 적당하다고 한다. 우리가 살다보면 피치 못할 사연으로 잠을 설칠 때가 있는데 그 다음날은 하루 종일 컨디션이 좋지 못함을 경험하곤 한다. 그럼으로 잠은 규칙적으로 충분히 자 두는 것이 건강에 필수 요건이다. 그러나 수험생이나 학생들은 부족한 잠을 잘 수밖에 없는 것이다. 그러나 잠을 제대로 자지 못하면 자기의 생명을 단축하고 있다는 것을 명심할 필요가 있다. 사람들은 각기 자기의 생활 리듬에 따라 늦게 자고 늦게 일어나거나 일찍 자고 일찍 일어나거나 하는데 아무튼 밤 열시 이후에 남의 집에 전화하거나 방문하여 잠을 설치게 하는 일이 없도록 노력하여야 할 것이다.

웃으면서 사는 비결

 우리 한국 사람들의 성질을 분석해 보면 지극히 급하고 신경질적이다. 어떤 외국인이 "중국 사람은 대륙적 기질이여서 너무 느리고 느긋하지만, 일본 사람은 마음에 없는 웃음이 생활화되어 있으며 한국인은 털 깃을 세운 고슴도치 같다"고 평한 바 있다. 물론 이 말이 정답은 아니지만 그럴듯한 표현인가 싶기도 하다. 한편 따지고 보면 우리나라 사람들은 일제 식민지를 겪으면서 억눌려 살았으며 그 이후는 분단되어 서로도 북으로도 동으로도 막혀서 살아왔음이 원인이 아닌가 싶기도 하다. 따지고 보면 지금은 다르지만 작은 섬에서 갇혀서 살아온 것이다. 그러나 우리나라 사계절이 뚜렷하고 기후조건이 좋아 세계 어느 나라보다 살기 좋은 나라임에 틀림이 없다. 그러므로 인구 밀도가 높아 말하자면 좁은 땅덩어리에서 많은 사람이 바글바글 사는 그런 환경에서 스케일이 작고 성품이 급하게 형성된 것이 아닌가 싶기도 하다. 본래 인간은 화를 잘 내는 본성이 있으며 "평생 화내는 시간은 6년이나 되는 반면 웃는 시간은 46일 밖에 안 된다"고 하는 발표가 스위스 어느 기관의 연구 조사에서 발표한 바 있다. 한국인의 특성 중에는 잘 웃지 않는 것이다 실제로 우리는 웃는 그 자체를 경솔하다거나 예의에 어긋나는 것처럼 생각 하여 호되게 질타를 받는다거나 심지어는 결혼식장에서도 웃는 것이 용납되지 않는다. '신부가 결혼식장에서 웃으면 딸을 난다'는 속설로 인하여 행복한 웃음 대신에 훌쩍이는 소리를 듣기도 한다. 이것이 우리들의 실정인데 이제 그만 바꾸어야 할 때가 된 것이다. 웃음이 많으면 경솔하다는 생각을 버리고 열심히 웃어가면서 살아야 할 것이다. 가정이나 직장에서나 사회에서나 서로가 활짝 웃는 미소를 선사할 수 있다는 것은 매우 중요하다. 웃음은 가정에서는 행복의 길이요, 직장에서는 능률의 활력소이며, 사회에서는 맑고 밝은 사회 분위기를 만드는 청량제임에 틀림이 없다. 실제로 직장이나 사회에서 성공한 사람들을 대상으로 조사한 결과를 보면 그 사람들은 항상 미소가 떠나지 않았다고 한다. 웃음이야말로 자신이 성공을 위한 무한한 경쟁력이다. 웃음요법으로 환자를 치료한다거나, 기업에서 사원들을 상대로 웃음 세미나를 실시한다거나, 웃음으로 인하여 건강에 좋은 결과를 초래한다는 것은 이미 잘 알려진 사실이다. 웃음에 대하여 필자는 가끔 이런 의문을 품어 본다. 기분이 좋아야 웃는지 아니면 웃으니까 기분이 좋은지 물어 보면 대체로 기분이 좋아야 웃는다고 한다. 그러나 잘 생각해 보면 기분이 좋아야 웃는 것보다 웃으면 기분이 좋다는 사실을 알아야 한다. 그러면 웃으면서 사는 것이 행복하다는 것은 두말할 필요가 없는데 어떻게 하면 웃으면서 살 수 있는지 알아보기로 한다.

첫째는 긍정적인 사고방식을 가지고 살아야 한다. 매사에 부정적인 사고를 가지고 비판을 일삼기보다 긍정적인 사고로 칭찬하는 자세가 필요한 것이다.

둘째는 남을 배려하는 마음을 가져야 한다. 자기의 주장을 고집 하며 자기의 것을 찾기보다 상대방을 이해하고 받아들일 수 있는 넉넉함을 가져야 한다.

셋째로는 여유로운 마음가짐이 필요하다. 화를 내고 신경질적이며 경직된 얼굴 표정보다 평화로움과 따뜻함이 배어있는 모습으로 살아야 할 것이다.

웃음은 풍채를 좋게하고 활동이 즐거우며 모든 걱정에서 자유로워지고 타인의 마음을 받아들이는데 좋은 역할을 한다. "웃음은 스트레스를 진정시키고, 혈압을 낮추며, 혈액 순환을 개선하는 효과가 있다"는 어떤 의사의 발표가 있는데 그 이유는 웃을 때 통증을 진정시키는 호르몬이 분비되기 때문이라고 설명한다. 웃음을 깔보지 말고 웃음을 웃는데 최선을 다 하며 살자. 좀처럼 표정을 보이지 않는 이중적인 모습보다 해맑은 모습으로 자신을 가꾸어야 한다. 웃자. 활짝 웃으며 아름다운 모습으로 살자. 그렇게 함으로 주변 사람들과 좋은 우대관계를 가질 수 있고 더 나아가서 밝은 사회를 만들며 자신의 삶이 풍요로워질 것이다.

● 웃음은 인체의 면역력을 증대하는 최고의 건강비결이다.

스트레스를 받으면 뇌에서 스트레스 호르몬이 나와 혈압과 혈당치를 올리고 혈관을 수축시켜 성인병 발생의 원인이 된다. 그러나 웃음은 스트레스를 퇴치하는 최고의 수단인 것이다. 과학적으로 입증된 웃음의 효과는 크게 세 가지로 나누인다. 일본 오사카대학 정신의학 교실에서의 발표에 의하면 "웃음은 암세포를 죽이는 자연 살해 세포를 활성화 시킨다"는 것을 입증했다. 또 한 가지 고려대 가정의학과 홍명호 교수는 "웃음은 행복 호르몬인 앤 돌핀을 높이고 스트레스 호르몬을 저하시켜 혈압 심장박동 혈당치 등의 안정을 유지해 준다"고 했다. 세 번째로는 인체의 장기와 근육을 자극하는 효과가 있다. 폭소의 경우는 횡경막을 이용한 빠른 복식 호흡을 함으로 간장과 위장, 어깨 등의 상체 운동을 하는 효과가 있다. 웃음은 환자의 병을 치유하기도 하고 긴장을 완화시키기도 하고 사교상 정보 교환에 도움을 주기도 한다. 특히 웃음은 주변 사람들의 분위기를 밝게 하기도 하고 안면의 근육도 좋은 인상으로 발달한다.

우리는 가급적이면 많은 웃음을 웃어 건강도 지키고 사회적인 분위기도 밝게 하는 슬기로움이 필요한 것이다.

남을 칭찬함은 자신의 행복과
신명나는 세상을 만든다

"사촌이 논을 사면 배가 아프다" 라는 속담이 있다. 이것은 남이 잘되어서 칭찬하기보다는 시기하고 질투심이 많은 민족의 특성을 잘 표현한 속담 중의 하나이다. 이런 습성은 좋은 습성으로 보기는 어려운 것이다. 오히려 못된 습관이라 말할 수 있다.

이것은 남을 칭찬하기보다는 남을 끌어내리는데 급급한 아주 못된 습관임에 틀림이 없다. 심지어는 처자식 자랑하는 것마저도 팔불출이라 하여 가족 간의 칭찬도 철저히 가로막는 셈이 되는 것이다. 이제 가정과 학교와 사회에서 시기하고, 질투하고, 비판하고, 비난하는 습관에서 칭찬하는 습관으로 바꾸어야 한다.

칭찬이란 우리 사회를 밝고 명랑하게 만드는 엄청난 위력이 있는 것이다. 칭찬은 바보를 천재로 만드는 위력이 있다. 칭찬이 무능한사람을 유능하게 만들고, 소극적인 사람을 적극적으로 만들고 나약한 사람을 강하게 하기도 하고, 바보를 천재로 만들기도 한다. 칭찬이 벙어리에 장님인 헬렌켈러에게 기적을 만들어 주었음은 잘 알려진 사실이다. 한마디의 칭찬은 듣는 사람에게 건강을 심어준다. 칭찬을 듣는 순간 몸에서 엔돌핀이 생성되기 때문이다.

  칭찬하는 마음은 사랑하는 마음이고 원망이나 비난은 미워하는 마음이다. 즉 사랑하는 마음은 불가능의 벽을 깨는 놀라운 힘이 있는 것이다. 칭찬함이 얼마나 좋은지 하나의 예를 들어 보기로 하자. 우리는 흔히 손님을 초대하여 상다리가 부러지도록 음식을 차려놓고 하는 말이 차린 것이 없으니 어떻게 하느냐고 한다. 물론 이것은 겸손이라고 생각하기 때문이기도 하지만 이 보다는 "나의 아내가 여러분들을 위하여 최고의 정성을 들여 성의껏 준비 했으니 맛있게 드십시오." 하는 말이 훨씬 좋지 않을까 생각된다.

  이렇게 하면 이 말을 듣는 손님들도 기분이 좋고 열심히 준비한 아내도 쌓인 피로가 확 풀릴 것이다. 왜 우리는 칭찬에 인색한 것인가? 사람들 마음속에 자기 중심적인 생각으로 가득 차 있어 남 잘되는 꼴 못 보는 사회적 암적 존재가 자리잡고 있기 때문에 칭찬에 인색한 것이다.

  '말 한마디로 천냥 빚 갚는다'는 속담에서 배울 수 있듯이 이 말은 같은 말이라도 좋게 하라는 지혜를 가르치고 있다.

남이 들어서 기분 좋은 말, 듣기 좋은 표현, 이것을 잘 한다는 것은 인간관계를 원활하게 하는 원동력이 되며 삶을 풍요롭게 만드는 지름길이기도 하다. 칭찬하며 살자. 사랑을 받으려면 먼저 칭찬을 아끼지 말자. 대접을 받으려거든 칭찬하고, 인정을 받으려거든 칭찬하라. 미운 사람일수록 칭찬하라. 그러면 언잰가는 나를 위하여 노력할 것이다. 칭찬은 웃음꽃을 피우고 우리의 삶을 풍요롭고 행복하게 하는 마술과도 같은 것이다. 자기를 사랑하는 사람이 칭찬할 수 있다.

  자신을 사랑하고 상대방의 약점은 보지 말고 장점만을 보라, 가정에서는 부부간에 칭찬하고 부모 간에 칭찬하고 서로가 칭찬하는 따뜻함이 있어야 하고, 선생은 학생에게 비난과 채찍보다는 깊은 사랑이 깃든 칭찬이 있어야 하고, 직장과 사회에서는 동료와 이웃을 칭찬하는 아름다운 모습이 우리 사회에 널리퍼져 갔으면 좋겠다.

  칭찬을 통하여 자신의 삶을 풍요롭게 하고 학교나 직장과 사회에서 서로가 칭찬을 아끼지 않는 신나는 사회를 만들어 가자.

시대의 변화에 맞추어 행동도 변해야 한다

 시대의 변화가 급속도로 요동친다. 배가 고파서 들이나 산으로 먹을거리 찾아다니던 어린 시절을 생각할 때 변화의 속도는 너무나 빠르다. 벌거벗었던 산은 울창한 숲으로 변하고, 거리의 자동차 물결, 엄청난 도로망, 도심의 빌딩 숲, 변화된 주거환경, 학교의 학생들은 눈빛이 다르고, 정치 경제 사회 등 모든 분야에서 빠르게 변하는 모습은 현대 사회의 큰 특징이기도 하지만 우리 민족의 큰 장점이기도 하다. 불과 40년 전에 비교해도 너무나 큰 변화가 일어 난 것이다. 마이카 시대가 열리고, 개인 휴대폰이라든가, 불우한 이웃나라를 돕는다든가, 기술선진국을 치닫는 모습은 가히 놀랄 만하다. 이런 빠른 변화는 현대 사회에서 볼 수 있는 큰 특징이기도 하다. 이렇게 빠른 변화를 요구하는 시대에 살면서 스스로를 변하지 않는 것은 자연 도태를 의미하는 것이다. 성공이란 자신의 변화로 부터 시작되는 것이다, 자신을 변화하기 위해서는 생각을 바꾸고 행동을 바꾸어야 한다. 다시 말하면 행동이 변하는 것은 성공을 향한 출발이기도 하다. 어떤 고정관념에 젖어들어 구태를 벗어던지지 못하면 그것은 퇴보의 길을 걷는 것이 분명하다. 이대로 갈 수 없다고 생각하면 곧바로 행동의 변화로 나타내야 한다. 첨단 과학기술이 발달하고 끊임 없이 변화를 요구하는 시대에 사는 지금 성공을 꿈꾸며 새로운 각오로 출발하는 사람에게 다음과 같은 열 가지 행동 변화의 수칙을 권하여 보고 싶다.

첫째, 힘차게 걸어라.

나약하고 힘없는 소극적인 모습으로는 성공할 수 없다. 걸음을 힘차게 걷는 사람은 육신적으로나 정신적으로나 건강한 것이다, 그런 사람은 매사에 적극적이고 진취적이며 실패하는 법이 없다. 자신감의 발로이기 때문이다. 훈련소에 처음 들어가면 힘차게 걷는 제식 훈련부터 받는 것을 보면 알 수 있다.

둘째, 항상 밝게 웃어라.

현대 사회의 지도자의 모습은 부드러움에 있다. 아무리 유능한 지도자라 할지라도 화를 내는 모습이나 짜증내는 모습을 보이면 지도자의 모습으로는 영점이다. 웃는 모습으로 상대방과 마주앉은 모습은 자기의 경쟁력이다, 승진을 남보다 빨리하고 주변 사람들로부터 인정받는 사람이나 성공하는 사람들을 대상으로 그 이유를 알아보니 그들에게는 항상 작은 미소가 흐르고 있었다.

화를 낼 자리에서도 화내지 않고 웃을 수 있다는 것은 많은 인내를 요하는 것이다. 참는 자에게는 복이 오기 때문이다. 웃는 얼굴은 상대편에 호감을 주는 무기이기도 하다. 성공하려면 주변 사람의 도움이 필요하기 때문이다.

 셋째, 대화할 때는 항상 상대방의 시선을 바라보라.

 가정이나, 학교, 직장, 사회에서 어떤 사람과 대화할 때 시선을 항상 상대를 바라보면서 대화하라는 것이다. 시선을 피하는 것은 자신감의 상실이나 패배감으로 해석이 될 수 있으며 이해력이나 설득력을 현저히 저하시키고 자신의 의사를 상대방에 공감시키는데 실패하는 결과를 가져오기 때문이다. 결국 대화를 성공적으로 이끄는데 실패할 수 있기 때문이다. 작은 실패가 모여 성공을 방해하는 결과를 가져오기도 하는 것이다.

 넷째, 적극적인 자세를 가져라.

 항상 앞자리에 앉아 뒤에 앉거나 한쪽 구석진 곳을 좋아하는 소극적인 사람에서 탈피하라. 항상 앞자리에 앉아 자기의 시간을 자기의 것으로 만드는 적극적인 자세가 필요한 것이다. 어느 모임이나 장소에서 맨 앞에 앉아 적극적인 자세로 무엇인가 얻어가려고 노력 하면 당신은 분명 성공할 것이다.

 다섯째, 박수를 크게 쳐라. 박수는 대개 환영, 축하, 감사, 그리고 공감을 표시할 때 치는 경우가 많은데 대체로 한국 사람은 박수에 인색한 편이다. 여러분은 어느 곳에 가든지 무표정하게 앉아 있다거나 겨우 고개나 끄덕이는 정도의 소극적인 자세보다는 박수를 크게 치고 함께 기뻐하며 공감을 표시하며 적극적인 모습을 보이면 오히려 박수를 받는 주인공이 될 것이다.

여섯째, 언제나 누구에게나 인사하는 습관을 길러라.

인사는 자기를 PR하는 최선의 방법이다. 인성의 척도는 예절이고 예절의 상징은 인사인 것이다. 언제나 좀 덜 친하더라도 밝은 표정으로 정중히 인사하는 당신의 모습은 누가 보아도 멋진 모습이 되는 것이다. 이런 멋진 모습은 당신 성공으로 이끄는 지름길이기도 하다.

일곱째, 일찍 일어나라. 다른 사람보다 일찍 일어나는 것은 성공의 지름길이기도 하다. 사람마다 생활습관이 다르기도 하지만 일찍 일어나는 것은 부지런함의 척도이기 때문이다.

성경 말씀에도 '잠을 조금씩 더 자려고 노력하면 가난이 엄습해 온다'고 했다. 주변의 성공한 사람들을 보면 사실상 운이 좋고 때를 잘 만나서 라기 보다는 남이 자고 있을 때 잠에서 깨어나 보이지 않는 노력을 했다는 사실을 알아야 한다. 게으른 자는 절대로 성공할 수 없다. 남보다 일찍 일어나는 것은 부지런함의 척도인 것이다.

여덟째, 이웃을 위하여 봉사하라. 오늘날 지도자의 평가 기준은 그 사람이 사회봉사를 얼마나 하였느냐에 초점이 모아지고 있다. 봉사란 큰돈을 내놓는다거나 자기의 목숨을 바치는 것이 아니다. 진정한 봉사는 자기의 위치에서 작은 일 하나라도 최선을 다하여 실천하는 것이다. 자기의 성공을 위해서는 이웃을 위한 봉사를 아끼지 않아야 한다.

아홉 번째, 남을 칭찬하라. 남을 대할 때 나쁜 것은 보지 말고 좋은 면만 가려내어 칭찬을 아끼자 말라. '사촌이 논을 사면 배 아픈' 속담처럼 칭찬에 인색하지 말고 열심히 칭찬하라, 학교나 사회나 직장에서 칭찬하기를 아끼지 말라. 당신이 던진 칭찬은 당신을 위한 칭찬으로 되돌아온다는 사실을 알아야 한다.

열 번째, 항상 메모하라. 명석한 두뇌보다 부러진 몽당연필이 낫다 는 말이 있다. 메모하는 습관은 뛰어난 자기 관리 기법의 하나이다. 메모하는 습관은 주변 사람으로부터 신뢰를 받는 사람이 될 수 있으며 매사에 실수하지 않는 비결이기도 하다.

이상 열 가지의 행동의 변화는 자기의 성공을 위해서 꼭 지켜야 할 사항이다. 열 가지 다가 아니더라도 지키려고 노력한다면 당신은 성공 시대의 주인공임을 발견할 수 있을 것이다.

풍요로움의 혜택은 누구에게나 주어져 있음을 알아야 한다.

우리 주변의 자연은 우리에게 한없는 풍부함을 제공하고 있다. 태양, 물, 숲 등은 우리에게 엄청난 에너지를 공급하고 있다. 그리하여 창조주는 우리가 자연 속에서 풍부하게 살기를 원한다. 태양에서 발하는 방대한 열 중에서 지극히 작은 일부분만 지구에 주어지지만 우리 인류가 살아가는데 충분한 것이다. 이러한 우주의 질서, 능률, 정확성 등을 보면서 그를 창조한 창조주에게 감사하기는커녕 이해하려고 조차 하지 않고 고마움을 모르고 살아간다.

그러나 창조주는 우리 인류를 질병과 공포, 무지 그리고 불안정 속에서 살기를 원하지 않을 것이다. 성경 구절 하나 소개한다. "너희가 기도할 때 구하는 것은 다 받으리라"(마태 21장22절) "주라 그리하면 너희에게 줄 것이니 곧 후히 되어 누르고 흔들어 넘치도록 하여 너희에게 안겨 주리라"(누가 6장 38절) 여기서 자연은 우리에게 어떤 재한이 없이 노력에 따라 풍성하게 보상함을 알 수 있다. 감자 씨 하나가 몇 십 배의 감자를 추수하고, 도토리 하나가 몇 십 개의 숲을 이룰 수 있다는 사실과 계란 하나가 양계장을 만들고 배나무 가지 하나 꺾어 심으면 몇 년 후 풍성한 꽃향기와 함께 많은 과일을 얻을 수 있는 것이다.

이와 같이 한 알의 씨앗이 우리에게 주는 풍부의 원칙을 생각할 때 우리 인생도 마찬가지인 것이다. 인격의 완성을 위하여 적게라도 투자하면 수 백 배의 수확을 얻는 것이다. 인간의 독창성, 용기, 근면성, 개성 등을 개발시켜 투자하면 몇 배의 결실을 얻을 것이다. 자연은 모든 사람에게 풍성하게 살도록 창조되었다. 그런데 오늘날 인간이 그렇게 풍성하게 살지 못하는 이유는 우리 인간 자신에게 있음을 알아야 한다.

어떤 사람은 가난은 죄가 아니라고 말한다. 그러나 어떤 사람은 가난은 인간의 적이라고 서슴없이 말한다. 어떤 이는 가난은 게으름, 무질서, 방심, 계획 부족, 용기 부족 등에서 온다고 한다. 자연은 분명히 질서 정연하고 부지런하고 정의롭고 자기의 능력을 최대로 활용하는 그런 사람에게 재산과 명예 그리고 세상의 모든 값진 것들을 안겨 준다.

 우리는 이런 진리를 믿고 보다 큰 성취를 위하여 시야를 넓혀야 한다. 실패를 생각하지 말고 오직 성공만을 생각하며 성공을 위해 매진해야 할 것이다. 자기의 능력과 잠재력을 과소평가하지 말고 전심전력으로 일한다면 실패를 겁낼 이유가 없다. 인간은 잘 살도록 창조되어 있다. 사방에 노력하면 얻을 수 있는 풍부한 것들이 있기 때문이다. 실패를 두려워하면 바로 그들에 지배당하고 만다. 주변의 풍부한 것들을 통해 이익을 얻으려면 우리의 능력을 생각하고 건강을 생각하고 풍성하게 될 것이라는 믿음을 가져야 한다.

 근심과 공포 그리고 소극적인 자세로 인생을 방관하며 살면 무가치한 삶을 살며 무력한 사람이 된다. 그러므로 자신의 생각을 스스로 조종하며 살면 주변의 환경을 변화하며 살 수 있을 것이다.

 자신의 게으름과 가난은 주변 사람들의 불행으로 몰고 가기 때문에 자신을 가난하도록 방치하는 것은 일종의 죄악인 것이다.

뚜렷한 목표가 있어야 성공한다

'인생을 사는 데는 목표가 있어야 한다'는 사실은 누구나 다 아는 사실이다. 자기가 바라고 꿈으로 간직하여 이루려고 노력하는 것이 목표라 말할 수 있다. 그러나 무엇을 위하여 사는지 뚜렷이 말할 수 있는 사람은 그리 많지 않다. 사람이 성공하려면 뚜렷한 목표를 가지고 이를 달성하려는 줄기찬 노력이 있어야 좀 더 쉽게 성공에 이를 수 있을 것이다. 뚜렷한 목표를 가지는 것이 얼마나 중요 한지 하나의 예를 들어 본다.

한 마라톤 경주자가 있다.

마라톤에 우승하면 부와 명예가 한꺼번에 들어온다. 그는 마라톤에 우승하여 가난한 살림도 돕고 명예도 얻기로 하고 우승에 목표를 두었다. 그러나 경기 도중 체력이 다 소모되어 중도에 포기해야만 할 처지에 있다. 몇 번이고 포기하려 하였으나 우승을 해야만 된다는 뚜렷한 목표 때문에 포기할 수가 없었다. 죽을힘을 다하여 열심히 달려 결국은 우승을 하고야 말았다. 그는 구체적이고 확실한 목표 때문에 우승하여 성공에 이른 것이다. 그는 뚜렷한 목표가 없었다면 설공에 이르지 못했을 것이다.

사람에게는 누구나 우수한 능력이 있는데 성공을 하기 위한 뚜렷한 목표가 없이 그저 막연하게 하루하루 보내는 사람들이 대다수 이다. 대다수의 사람이 확고한 목표가 없이 세상을 산다는 것은 사회적인 비극이기도 한 것이다. 그러나 인류사에 업적을 남긴 사람들이나 각 분야에서 성공한 사람들은 분명한 목표를 두고 있었다는 사실이다.

자기의 목표를 달성시킬 수 있는 사람을 천재라고 부르기도 한다. 인생이 성공한다는 것은 목표를 달성하는 것인데 목표를 달성하려면 먼저 확고부동한 목표를 가져야 한다. 그래야 전력투구하여 일할 것이며 일한 보람도 느낄 것이다. 그리고 자기의 목표를 수시로 바꾼다면 진보란 있을 수 없다.

만약에 돛단배가 목적지가 없다면 바람의 힘에 의존하여 어디로 가는지 조차도 모르고 가는 것과 같은 것이다. 자석이 쇠붙이 옆에서야 힘을 발하듯이 우리 인생도 목표를 가까이 하고 이를 이루려고 온갖 노력을 다 해야 비로소 목표가 이루어지고 성공에 이르는 것이다. 우리는 목표를 이렇게 가져야 할 것이다. 우선 평생 목표를 세우고 일별, 주별, 월별, 연도별, 목표를 세우고 10년 후, 20년 후, 30년후의 계획이 있어야 하고 인생의 종말을 의식하고 목표를 향하여 건전하게 살아야 할 것이다. 목표를 달성하면 즐거움이 따른다. 그러므로 목표를 소중하게 생각해야 한다. 목표를 달성하면 많은 즐거움이 있다. 실망함이 없어지고 자식과 아내에도 행복을 주며 자신의 삶도 즐거울 것이다. 놀고 여행하고 늦잠자고 하고 싶은 모든 것을 할 수 있다. 무일푼이라면 그렇게 할 수 없을 것이다.

대체로 실패하는 자는 어떤 일을 시작하기를 꺼려한다. 반대로 성공하는 사람을 보면 무슨 유익한 일이 있으면 즉시 사업을 시작 한다. 모든 일에 좋은 결과를 가져오려면 당신의 확고한 목표와 계획 그리고 근면함과 열성과 신념을 가져야 한다.

성공하는 사람과 실패자와의 차이점은 성공하는 자는 목표를 하나씩 달성하느라 시간이 없지만, 실패자는 현재의 안락을 즐기느라 분주하기 때문에 미래를 준비할 여유가 없는 것이다. 성공하는 자는 주변에 장애물이 많아도 기회만을 바라보지만, 실패자는 주변에 기회가 많아도 장애물만 바라본다. 만약에 목표를 향하여 최선을 다하면 이따금 부딪치는 순간적인 장애물은 크게 문제가 될 수 없다. 눈보라가 휘몰아치는 추운 겨울날 산행을 한다고 하자. 목적지에 도달 했을 때의 안락함과 안식을 생각하면 현재의 고통은 능히 참고 견딜 수 있을 것이다.

그러나 오직 추위만을 생각하면 당신은 불행해질 것이다. 그러므로 추위를 원망하느라 시간 낭비하지 말고 일을 성취한 후에 보상을 생각하면서 쉬지 말고 전진해야 성공에 이를 것이다. 우리에게는 한 방향으로 나아가게 하는 뚜렷한 목표가 있어야 한다. 성공한 미래를 생각하며 현재의 고난을 참으며 용감하게 전진하며 하나씩 목표를 달성해 나가면 상상도 못했던 기쁨으로 넘치는 미래가 다가올 것이다.

'설마 산 입에 거미줄 치겠나' 하는 희미한 정신으로 바람에 구르는 나뭇잎처럼 되는대로 살아가면 그 인생은 살기 위한 삶이 아니고 죽지 못해서 사는 그런 인생으로 변질될 것이다. 단순히 성공해 보겠다는 무책임한 생각보다 한 단계씩 결승점을 향해 이루어나가는 그런 자세가 필요한 것이다.

인생의 목표는 각양각색이다. 명예를 얻으려 하기도 하고 큰 인물이 된다거나 돈을 많이 벌어서 거부가 되겠다는 목표 어떤 목표라도 뚜렷한 목표를 세우고 그 목표를 달성하기 위하여 열심히 노력해야 할 것이다.

좋은 인간관계는 풍요로운 삶의 지름길이다

'인간은 사회적인 동물'이므로 더불어 살지 않고는 살아갈 수 없는 것이다. 아무리 똑똑하고 능력이 있어도 혼자서 성공 하기란 불가는 하다. 누구든지 무슨 일을 하거나 여러 사람의 도움이 없으면 성공하기란 불가능한 것이다. 그러므로 여러 사람의 도움을 얻으려면 원만한 대인관계가 필요한 것이다. 그러나 원만한 대인관계를 가지기란 그리 쉬운 일이 아니다. 그렇다면 다른 사람의 신뢰를 받고 존경받고 사랑을 받는 길은 무엇이며 다른 사람으로부터 환영을 받는 길은 무엇인지 알아보기로 한다. 그것은 예수님이 성경 말씀에 기록하셨다. "그러므로 무엇이든지 남에게 대접 받고자 하는 대로 너희가 남을 대접하라, 이것이 율법이요, 선지자니라."(마태 7장12절) 이 말씀은 선하게 사용할 수 있고 악하게 사용할 수도 있다. 이것은 부메랑의 원칙이라 말할 수도 있다. 부메랑 원리는 악하게 사용하면 보복의 원리이기도 하다.

　눈에는 눈 이에는 이로 앙갚음하는 원리가 있기도 하지만 좋은 의미에서는 대접을 받고자 하거든 내가 먼저 대접하면 되는 것이다. 자기를 좋아해 주기를 바라면 자기가 그를 좋아해 주어야 한다.

　신뢰 받기를 원하면 상대방을 먼저 신뢰해야 한다. 이런 원칙을 예수께서 가르쳐 주셨다. 모든 다른 성인들도 그 원칙을 강조했다.

　성공한 대다수의 사람들은 이 원칙을 적절히 잘 사용했다. 그러나 대다수의 사람들은 그 원칙을 따르지 않는 것이다.

　상대방의 의중을 알면 자신 있게 그를 대할 수 있다. 상대방을 기분 좋게 하면 그도 나를 기분 좋게 할 것이다. 누군가 나를 지원하기 바라면 내가 먼저 그를 지원해야 한다. 만일 내가 어떤 사람을 비난하면 그는 나를 더 크게 비난할 것이다. 우리 인간은 대부분 이기적이고 자기의 잘못을 감추려 든다거나 남의 탓으로 돌리려는 경향이 있다. 자기의 잘못을 시인하려 하지 않으면서 남의 잘못을 발견하면 용서하기 보다는 비난을 일삼는 사람들이 많다. 자기의 마음에 들지 않으면 습관적으로 불평하는 사람이나 남을 헐뜯기를 즐기는 사람들은 주위 사람들에게 신뢰감과 편안한 느낌을 주지 못한다. 적을 변화시킨다거나 확실한 복수를 하려면 친절을 베풀어야 한다. 악을 선으로 대하면 그는 부드러워지고 무력해진다. 그래서 그를 쉽게 이길 수 있다. 우리가 주변에서 자기의 의견과 권리만을 고집하면 문제가 생긴다. 자기가 심은 악한 일과 험담과 불친절함은 틀림없이 배로 거두게 된다.

친구를 사귀려면 먼저 그를 위하여 많은 시간과 노력을 투자해야 한다. 어떤 심리학자는 "남에게 관심을 갖지 않는 사람은 고난의 생에를 살아갈 수밖에 없고 타인에게 큰 폐를 끼치게 된다."라고 말했다. 인간의 온갖 실패는 이기주의적 인간들 사이에서 일어나기 마련이다. 남을 이해하고 칭찬하고 사랑하면 좋은 인간관계를 맺어 자기의 일에 좋은 결과를 가져 올 것이다. 그리고 자기 자신을 더 잘 알게 되고 자기 자신도 이길 수 있을 것이다. 대인관계를 잘 하는 것은 성공의 지름길이며 인생의 위대한 업적이기도 하다. 인간관계는 인격을 형성시킨다. 아무리 착한 청년이라도 불량배들과 같이 있으면 착하게 보지 않는다. 우리의 개성은 인격이나 외모 그리고 버릇. 숙련. 영적 자질들의 총집합이다. 그러나 그 개성들은 각기 다르다.

그러나 우리가 풍기는 인상은 오직 하나에 불과하다. 그러므로 좋은 인상을 심기 위해 노력해야 한다. 누군가 나쁜 버릇이 있다거나 더러운 옷을 입고 다니거나 잘못된 개성을 가지고 있다고 하면 나쁜 인상을 얻게 될 것이다. 그리고 고리가 약한 쇠줄은 강한 것이 아니듯이 작은 약점 하나가 전체적인 개성을 무시당하는 일이 없도록 노력해야 한다. 만일 약점을 지적해 주는 친구가 있다면 그는 아주 행복한 사람이다. 그 약점을 경청하고 위험에 대비한다면 더욱 복된 사람이다. 어떤 경우는 우리가 자신을 평가한 것보다 남이나 적이 평가한 것이 더 정확한 경우가 있다.

우리는 좋은 이미지 관리를 위하여 남의 입장에서 자신을 볼 줄 알아야 하고 수시로 반성하며 살아야 한다. 말을 바르게 하고 정직하게 살아야 한다. 타인에게 나쁜 인상을 주고 있다면 성공할 수 있는 인간관계를 유지하지 못할 것이다. 항상 좋은 인상만을 주기 위하여 매사에 노력하는 습관이야말로 자기 성공을 위한 지름길인 것이다.

설득력이 있어야 성공한다

　사람은 항상 설득하면서 살거나 설득 당하면서 살기 마련이다. 설득력이란 말을 사용하여 타인이 자기의 의사에 따르도록 하는 기술인 것이다. 설득력이 없으면 각종 지도자가 될 수는 절대로 없다. 그러므로 설득력이란 인생을 성공으로 이끄는데 아주 절대적이고 중요한 요소이기도 하다. 남을 설득하려면 자신의 확신을 가지고 남에게 확신을 주어야 한다. 여기서 남을 설득하는데 필요한 몇 가지 필수 요소를 말해 볼까 한다. 유능한 설득자가 되려면 자기 자신의 확신이 필요한 것이다. 설득력이란 남을 계몽하는 능력이다. 남을 지도하고 즐겁게 하고 행동으로 옮기게 하기도 하고 확신하기도 하게 하고 이롭게 하기도 하는 인간에게 주어진 위대한 능력인 것이다.
　그러면 여기서 유능한 설득력이 있는 사람이 되려면 갖추어야 할 몇 가지 비결을 나열해 본다.

1. 알기 쉽고 분명하게 말하라.
2. 상대방의 실력을 파악하라. 상대의 지적 수준에 맞는 단어를 사용하고 최대한의 친절이 필요하다.
3. 설득 과정의 말들이 모두 합리적이어야 한다. 트릭(일시적인 거짓)은 불신감만을 부르기 때문이다.
4. 상대방을 이해해야 한다.
   취미 등 그 사람의 마음을 읽어야 한다.
5. 신뢰가 있어야 한다. 어떤 사람이 당신을 신뢰하고 따른다면 그는 당신의 의견을 쉽사리 받아들일 것이다.
6. 설득할 내용에 대해서 확실한 지식이 있어야 한다. 만일 목사가 성경 지식이 없이 설교한다면 그 설교는 공감을 받지 못 할 것이고 교사가 지식이 없이 학생을 가르치면 학생들한테 존경과 신뢰를 받을 수 있겠는가. 영업사원도 팔고자 하는 상품에 대한 충분한 지식이 있어야 할 것이다.
7. 부드럽고 즐거운 말투를 사용하여야 한다.
8. 설득을 위하여 열성적인 모습을 보여라.
9. 자신의 확신을 가지고 상대에 확신을 심어줄 수 있어야 한다.

이상 아홉 가지의 비결을 적절히 이용하면 설득자로서의 최고의 자리에 오를 것이며 인생을 성공으로 이끄는 지름길이기도 하다. 특히 말의 능력을 키워야 한다. 말의 능력은 연습을 통하여 기를 수 있다. 말은 모든 사람의 생활의 가장 중요한 도구이다. 말을 유효 적절하게 잘 사용하면 무슨 일이든 성공으로 이끌 수 있다. 무슨 일이든 말을 잘하여 표현을 잘하면 그 일은 더욱 돋보일 것이다. 말을 적절히 사용하여 성공하는 사례가 얼마든지 있다. 목사가 영혼을 구하고, 변호사가 재판을 이기고, 연설을 잘하는 정치인이 성공하고, 판매원이 상품을 잘 파는 일들이 말로 하여금 이루어지기 때문에 설득력을 필요로 하는 사람들은 말의 능력을 길러야 할 것이다. 말솜씨를 증가시키려면 책을 많이 읽어야 한다. 만일 사람들에게 영향을 줄 수 있을 만큼 말솜씨가 늘어난다면 당신은 성공의 길을 빠른 속도로 가고 있음을 발견할 것이다. 말을 잘 하는 것은 성공적인 인생을 만드는 지름길인 것이다.

  필자는 어느 한 목사님한테 주전 없이도 이런 충고를 한 적이 있었다. "목사님 소원이 무엇입니까." 하고 물었다. 그 목사님이 대답하기를 "나는 좋은 설교를 할 수 있는 능력이 있기를 소원합니다." 나는 조심스럽게 말했다. "목사님 사회적 선배로서 한 말씀 드릴까요? 만일 내 말이 틀리다고 생각하면 버리시고 좋다고 생각하는 말만을 기억하세요." 하면서 조심스럽게 말을 이어 나갔다. "좋은 설교를 하려면 내 생각으로는 이렇습니다. 책을 엄청나게 읽고 (좋은 책 나쁜 책 가릴 것 없이 심지어는 음담패설에 이르기 까지도) 그 내용을 전부 잊어버리고 나서 설교에 임하면 좋은 설교가 가능할 것입니다. 좋은 설교란 듣는 사람들이 정신을 집중하여 들으려고 하고 그중 가급적으로 많은 사람들이 가슴이 찡하고 울려 감동을 받을 수 있으면 그것이 좋은 설교라고 생각합니다. 성경 말씀은 비유적임으로 기독교를 비유 신앙이라고 도합니다. 그러므로 사람 사는 지혜를 성경적으로 풀어서 설교하면 참으로 좋은 설교가 되지 않겠습니까"하고 말했다.

"즉 사람 사는 지혜는 전부를 체험으로 얻기란 불가능하고 책을 통해서 얻을 수밖에 없기 때문입니다." 하고 말을 마쳤습니다. 그런데 어떤 목사님은 긍정적으로 받아들이고 어떤 목사님은 흘려버리는 것을 보았다. 나는 여기서 목사님을 탓하려는 것이 아니고 많은 청중을 설득하는 기술은 많은 지식이 있어서 청중들을 끌어들이는 그런 무한한 설득력이 있어야 설교나 연설이 성공적으로 이루어졌음을 말하는 것이다. 책을 많이 읽는 것도 성공의 지름길임을 강조 하는 바이다.

부지런함은 성공의 필수 조건

　사람의 마음속에 게으름은 항상 존재하는데 이것은 성공을 가로막는 최대의 적이다. 아무리 능력이 있고 영리해도 개으름이 자리하고 있으면 실패하는 사람이 되고 만다. 어떻게 하면 성공을 할까 하고 지혜를 짜내는 것보다 부지런한 사람이 성공하는 것이다. 부지런하면 거기서 지혜도 생기지만 게으른 사람은 가지고 있던 지혜도 없어져 버린다. 그러므로 게으른 사람은 절대로 성공할 수 없고 부지런함이 성공의 필수 조건이다. 게으름으로 인하여 성공하지 못한다면 그는 실패한 사람일 것이다. 기계가 자주 사용하지 않으면 녹슬고 고장이 나듯이 사람의 두뇌를 포함하여 육신도 사용하지 않으면 무기력해지고 기능이 쇠퇴하는 것이다. 망치질하는 목수나 트럭 기사들이 팔 힘이 강하고, 축구 선수나 등산가들은 발의 기능이 훨씬 강함을 알 수 있다. 그럼으로 게으름은 육신의 기능을 허약하게 하고, 반대로 부지런함은 활기를 유지하는 것이다. 일생을 살면서 꾸준히 돈을 벌어야 살아갈 수 있는데 안일하고 편안한 삶을 추구하면 결국 실패와 함께 무가치한 사람이 되고 마는 것이다. 이따금 부잣집 젊은이들은 노력하지 않고도 인생을 즐겁게 살 수 있다고 생각한다. 그러나 부잣집 재산 삼대를 가지 못한다는 속담이 말해 주듯이 그들은 물려준 유산을 잃고 비극적인 삶을 살아가는 사람이 많은 것이다. 게으르고 나태한 모습으로 시간을 낭비하는 사람들은 대다수가 작은 어려움도 극복하지 못하고 실망해 버리는 경우가 많다. 게으른 사람들의 특징은 한번 실패하면 영구적인 실패로 간주하고 계속 노력하지 않는다.

사람은 부지런히 움직여야 한다. 흐르는 물은 썩지 않는다. 부지런한 사람이 두뇌도 건강하여 힘과 용기가 넘치지만 게으른 사람은 허약함과 무지함과 불안함과 공포심 심지어 범죄의 온상이 되기도 한다. 성경에 열심히 부지런히 일하라는 말이 여기 저기 있다. "게으른 자여 개미에게로 가서 그 하는 것을 보고 지혜를 얻으라. 개미는 두령도 없고 간역자도 없고 주권자도 없으되 먹을 것을 여름 동안에 예비하여 추수 때 양식을 모으느니라." "게으른 자여 네가 어느 때까지 눕겠느냐. 네가 어느 때에 잠이 깨어 일하겠느냐. 좀 더 자자, 좀 더 졸자, 손을 모으고 좀 더 눕자 하면 네 빈궁이 강도 같이 오며 네 곤핍함이 군사 같이 이르리라."(잠언 6장 11절) 어느 날 잠에서 깨어 보니 가난이 덮쳐 버린 것을 생각하면 실로 무서운 일이다. 하나님은 적게 일하고 많이 취하는 것보다 가능한 한 최대한으로 일하라는 것이다. 피곤은 대체로 일을 많이 해서가 아니고 일에 흥미가 없기 때문이다. 유쾌하게 느리고 즐겁게 일하면 피로는 모르는 것이다.(데살로니가 전서 4장 11절) 에 보면 "또 너희에게 명한 것같이 종용하여 자기 일을 하고 너희 손으로 일하기를 힘쓰라. 이는 외인을 대하여 단정히 생각하고 또한 아무 궁핍함이 없게 하려 함이라." 여기서는 열심히 일하는 미덕을 보여 주는 것이 게으르고 태평으로 놀기를 좋아하는 사람보다 훨씬 복이 있음을 말하는 것이다. 아무리 능력이 탁월해도 그것을 어떻게 사용하느냐에 따라서 부지런함과 게으름이 갈려지는 것이다. 자기의 능력을 최대한 사용함으로써 성공의 길로 다가서는 것이다. 반대로 게으른 자는 나약한 삶을 살아가야 하는 것이다. 필자는 피곤함이란 일을 열심히 해서 생기는 것이 아니고 걱정과 근심 그리고 불만이나 노여움 때문에 생긴다고 생각한다. 그밖에도 성경 말씀 중 부지런 하라고 가르치는 대목 몇 구절 소개할까 한다.

"손이 개으르게 놀리는 자는 가난하게 되고 손이 부지런한 자는 부하게 되느니라."(잠언10장4절)

"게으른 자는 가을에 밭 갈지 아니하나니 그러므로 거둘 때에는 구걸 할지라도 얻지 못 하리라."(잠언20장4절)

이상과 같이 하나님께서도 부지런함을 가르치듯이 부지런함을 미덕으로 알고 열심히 일하여 성공적인 삶을 살아가며 풍요로운 인생을 살아가시기 바랍니다.

자기를 다스릴 줄 알아야 한다.

자기를 다스린다는 것은 참으로 어려운 것이다 인간은 자기의 마음이 몸을 지배하는 것이다. 그러므로 세상에서 가장 무서운 적은 자기 자신이라고 말하기도 한다. 성공적인 삶을 살아가려면 우선 자기를 이길 줄 알아야 한다. 자기를 이기려면 자기의 약점을 파악하고 분석하고 정리하여 자신을 장악할 줄 알면 여러 가지 면에서 성공할 수 있을 것이다. 자기를 다스리려면 어떻게 해야 할 것인가 알아보기로 한다.

첫째, 자기 자신을 존중해야 한다. 자기가 남보다 두뇌가 우수하지 못하거나 능력이 월등하지 못하더라도 자신을 비하하거나 격하시켜서는 안 된다. 자신을 존중하지 않으면 모든 일에 자신감이 없을 뿐더러 매사를 주도적으로 이끌 수 없기 때문이다.

둘째, 날마다 자신감을 점검할 줄 알아야 한다. 자기의 행동과 결과를 반성하고 자기의 단점을 개선해 나가는 것이 중요하다. 자신과 싸워 이겨야 성공한다. 죽을 각오로 자신을 이겨야만 성공을 약속 받을 수 있는 것이다. 작은 일부터 자기를 다스릴 수 있는 능력을 길러야 한다. 시간을 조절하고 근면성, 성실성을 조절하고 감정을 조절할 줄 알아야 하는 것이다. 자기를 이기는 것은 성공으로 가는 지름길이며 풍요로운 삶을 얻는 지름길인 것이다.

셋째, 자기를 감독할 수 있어야 정상에 설 수 있다. 집단으로 일 하는 사람 중에 세 가지 부류로 나눌 수 있다. 감독자가 없어도 열심히 일하는 사람과 감독자가 있어야 일하는 사람이 있고, 감독자가 있어도 일하지 않는 사람이 있다. 여기서 어떤 사람이 성공할 것인가는 잘 알 수 있는 사실이다. 감독이 없어도 자기 일을 완수 한다면 자기의 가치를 인정받을 것이며 그에 대한 보상이 뒤따를 것이다. 그러므로 무슨 일을 스스로 알아서 잘 해낸다는 것은 성공의 지름길이라 할 수 있다.

대다수의 사람들은 스스로 업무를 처리하도록 맡겨 두면 게으름으로하여 부정적인 결과를 초래하는 경우가 많다. 그런 경우는 대체로 독창성이 없으며 그들에게는 계획성이 결여되어 있는 것이다. 정확하게 성공적으로 일을 처리하지 못하는 사람은 솔선수범하지 않으며 독창력이 결여되고 자기를 다스릴 줄 모르고 계획성이 없는 사람이기 때문이다. 사람의 사명은 주어진 일을 성실히 수행하며 살아가는 것이다. 아무리 머리가 좋아도 그리고 능력이 많아도 스스로 노력하지 않고 게으름을 피우면 아무런 소용이 없는 것이다. 우리가 인생을 성공으로 이끌려면 자기의 힘으로 일을 처리하고 남을 리드해 나가야 하는 것이다. 자기 자신을 다루는 능력이 탁월한 사람이 성공할 것이며 가장 중요한 것은 자기의 힘으로 모든 장애물을 극복하고 자기의 힘으로 살아갈 수 있다는 자부심을 갖는 것이다. 인간은 모든 일을 해낼 수 있는 능력이 있는 것이다. 실패하는 것은 노력하지 않고 포기하기 때문이다.

우리나라가 이례적으로 빨리 부자가 된 경우에 속한다. 과거 50~60년대에 도움 받던 나라가 지금은 도움을 주는 나라로 변했으니 말이다. 그것은 우리 국민성이 대다수가 부지런하고 근면하기 때문이라고 생각된다. 빨리빨리의 문화가 어느 곳에서는 비웃음거리가 될 줄 모르나 필자는 이 빨리빨리의 문화야말로 우리나라가 잘 살게 된 원동력이라 생각된다. 이것은 빨리하고 다른 것 더 하겠다는 부지런함에서 왔기 때문이다. 이렇게 부지런한 문화 속에서 한 사람만 게으르다고 하자 그 사람의 처지를 짐작할 수 있을 것이다. 사람은 어차피 무에서부터 시작하는 것이다. 주어진 환경과 여건에 따라서 조금씩 다르긴 하지만 주어진 여건이란 얼마든지 극복할 수 있는 것이다. 필자는 여기서 부지런함은 행복을 추구하는 모든 사람이 갖추어야 할 필수 조건임을 강조하는 바이다.

실행은 성공의 근원

생각만 하고 실행하지 않으면 아무런 쓸모가 없다. 훌륭한 사람이 되겠다고 생각했으면 되기 위하여 부단히 노력해야 할 것이다. 성공이란 우리의 목표를 달성하는 데서 이루어지는 것인데 목표를 향하여 하나씩 실행해 나가야 하는 것이다. 실행하지 않으면 목표와 계획을 완성할 수가 없다. 좋은 사람이 되기 위해서는 좋은 일을 해야 한다. 좋은 사람이 되겠다는 생각만으로 좋은 사람으로 인정받을 수가 없는 것이다. 목표를 이루려면 무슨 일이든 실행을 해야 한다. 그러나 그 실행의 방법에 따라서 성패가 결정된다는 사실이 아주 중요한 것이다. 나쁜 버릇을 실행할 수도 있고, 교만이나 다른 사람으로부터 지탄을 받는 실행을 할 수도 있다. 그리고 악의에 찬 보복을 실행할 수도 있다. 그런 것들은 많은 사람들에게 손해를 끼치는 수가 대부분이다. 그런 실행은 성공으로 볼 수는 없는 것이다. 따라서 실행의 방법이 아주 중요한 것임을 명심해야 할 것이다. 무엇이든 실행하고 그것을 반복하고 실행을 위하여 훈련하는 모든 일들이 자기 자신의 인격을 형성하고 현재와 미래의 자신을 만드는 것이다. 성공적인 사고방식으로 실행하면 성공자가 될 것이고, 소극적인 사고로 실행하면 소극적인 사람이 되고, 게으름을 실행하면 게으름뱅이가 되는 것이다. 직장에서 아무렇게나 대하면 직장에서 인정받지 못하고 평범하게 행동하면 평범한 자가 된다. 인간은 실행하는 대로 그런 사람이 된다. 어릴 적에 거칠게 행동하던 친구는 거친 직업을 가지고 순하게 행동하는 아이는 성직자나 교육

자가 될 가능성이 크다.

  그러므로 가능한 한 나쁜 버릇은 개선하고 좋은 버릇을 익히려고 노력하여야 할 것이다. 원하는 목표를 설정하고 꾸준히 실행하면 언젠가 목표에 도달할 것이다. 원수를 사랑하라는 예수님의 말씀을 생각하면 원수를 미워하는 마음은 나쁜 결과를 가져오므로 만약 당신이 원수를 사랑하려면 당신의 가족을 사랑하는 것처럼 겸손한 자가 되어야 하는 것이다. 겸손함은 많은 친구를 얻을 수 있으며 친구가 많으면 당신의 인생은 풍요로워질 것이다. 근면하고 성실하고 열심히 사는 버릇을 기르는데 최선을 다해야 할 것이다. 버릇이란 처음에는 가졌는지 안 가졌는지 식별할 수 없으나 오래되면 식별이 가능하고 고치기 힘들다.

  우리는 평소에 좋은 버릇만을 가지기 위하여 노력해야 한다. 나쁜 길은 인생을 궁지로 몰아가고 너무 늦으면 완전한 실패의 인생을 살아야 하는 것이다. 그러므로 인생은 나쁜 버릇은 즉시 개선하고 좋은 버릇만을 최선을 다하여 실행하는 것이 성공의 비결인 것이다. 대다수의 많은 사람들이 자신의 적으로 생각하고 하던 일을 쉽사리 포기하는 경우가 많다. 인생은 투쟁의 연속이다. 타인과의 투쟁도 중요하지만 자신과의 투쟁이 더욱 중요하다. 학생 때 공부하다가 춥고 졸리고 하여 내일로 미루는 경우가 한번쯤 경험했을 것이다. 오늘 일을 여러 가지 이유로 내일로 미루는 그런 습관은 자신을 이기지 못하는 결과인 것이다. 자신을 이기고 과감하게 실행에 옮기는 자가 성공할 수 있다는 사실을 명심해야 한다. 인간은 오직 실행을 통해서만이 원하는 것을 얻을 수 있는 것이다.

신념은 성공을 향한 놀라운 위력이 있다.

일반적으로 우리는 신념이 성공을 향한 엄청난 위력이 있다는 사실을 모르거나 알면서도 외면하고 신념의 위력을 이용하려 하지 않고 있다. 신념이야 말로 강한 의지를 가지게 하는 원동력인 것이다. 과거에 성공한 사람들을 보면 굳은 신념을 가지고 자기의 뜻을 이룩한 사람이 많다. 일반적으로 신념을 가지게 되면 된다는 확신을 가지는 것이고 확신을 가짐으로 바로 행동에 옮겨지는 것이다. 그다음에는 끈기 있는 노력인데 노력이 없으면 신념은 무용지물이 되고 마는 것이다. 다시 말하면 신념은 된다는 확신을 말하므로 초 인간적인 무서운 힘을 발휘하여 끈기있게 노력함으로 자기의 목적을 이루는 것이다. 그러므로 신념은 실행하지 않으면 쓸모없는 것이다. 신념은 인간이 하고 싶다는 생각을 가지고 이루기 위하여 노력하는 추진력을 가지지만 불신은 반대방향으로 가는 것이다. 신념을 끌어들일수록 자기 마음속에서 실제 행동으로 옮기는 무서운 위력이 있는 것이다. 신념을 확고히 이루기 위해서 하고 싶은 일에 대한 목표와 계획 성취하고자 하는 맹세 등을 계속 반복해야 한다.

반복을 거듭할수록 성공을 향한 신념의 위력은 발휘하게 되는 것이다. 계속 떨어지는 물방울이 바위 돌도 뚫듯이 반복의 위력은 대단한 것이다. 대다수의 사람들이 확고한 신념이 없이 무슨 일을 몇 번 실행하다 포기하고 마는데 그것이 인생을 실패로 이끄는 지름길이다. 그런 사람은 신념이 약하기 때문이며 결코 성공할 수가 없다.

 그리고 확고한 신념이 있으면 두려움도 물러가는 것이다. 나폴레옹은 '불가능은 없다'는 신념으로 세계를 정복했고 에디슨은 2000번이 넘는 실험 끝에 필라멘트를 발명했으며, 부자가 되겠다는 신념을 가지고 백만장자가 된 사례들이 얼마든지 있다. 이와 같이 목적을 달성하고 성공을 이룬 이면에는 엄청난 노력이 뒷받침되지만 목표는 반드시 이루어진다는 굳은 신념이 뒤따른다는 사실을 명심해야 한다. 신념이 바뀌면 그 인생도 바뀌는 것이다. 왜냐하면 그 인생의 기초는 그의 신념에 있기 때문이다.

 우리 인생은 믿음을 가지고 산다. 사업상의 믿음, 인간관계 친구간의 믿음, 종교 등 믿음을 가지고 산다. 인생을 살면서 경험했던 모든 일들이 거의 반복하여 체험하는데 그 체험에 틀이 밝혀 인생은 거의 공식화되어 가는 것이다. 가치 없는 일을 하고 있다면 부정적일 것이고 좋은 일을 하면 긍정적이며 성공적인 인생이 될 것이다. 우리는 부단히 가치 있는 좋은 일을 반복하고 되풀이하기 위해서 부단히 노력해야 할 것이다. 인생은 부단히 습관성 동물이기 때문에 한번 한 일은 계속 반복하려는 습성이 있어 잘못된 습성은 인생을 더욱 악순환으로 끌려가는 것이다. 때문에 인생의 행과 불행은 어떤 습성을 택하느냐에 따라 결정되는 것이다. 이따금 성공 여하는 운이 따라야 한다고 생각하지만 행운이란 그냥 얻어지는 것이 아니고 내부에 알지 못할 어떤 힘이 작용하고 있음을 알아야 한다.

'복은 복의 소중함과 복의 심부름을 할 줄 아는 자에게 온다'고 한다. 복이 오기를 바란다면 복을 받아들일 준비가 철저히 이루어져야 한다. 적극적인 태도로 확고한 신념을 가지고 자기를 다스릴 줄 알아야 성공할 수 있는 것이다. 신념은 누구나 가질 수 있다. 그러므로 자기의 숨은 능력을 발휘하기 위해서 자기를 비하하지 말고 확고한 신념을 가지고 성공적인 인생을 향하여 매진하기 바라는 것이다. 적극적인 사고방식이나 부정적인 불안감이나 인간의 잠재의식에 영향을 주는데 어떻게 하면 적극적인 신념이 마음속에 자리 잡을 수 있을까 생각해 보기로 한다. 신념이 없는 사람이 신념이 생기고 이를 발전시키려면 신념이란 무한하고 우리 인생의 삶에 힘을 주고 충동을 주는 묘약임을 알아야 한다. 적극적인 사고의 신념을 가지기 위해서 어느 책에 기록된 몇 가지를 인용하여 적어 볼까 한다.

1. 신념은 모든 부를 축적하는 출발점이다.
2. 신념은 과학의 법칙으로 분석이 안 되는 신비의 근원이다.

3. 신념은 실패자를 구원하는 유일한 구제자이다.

4. 신념은 인간의 무한한 가능성을 마음대로 구사할 수 있게 한다.

5. 신념은 인간의 정신적인 생각을 정신적인 자산으로 만드는 요인이다.

이상과 같은 신념의 속성을 진리로 알고 가슴속에 새겨서 잘 활용함으로써 정말로 신념에 불타는 성공적인 삶을 살아가기 바란다.

경제적 안정은 풍요로운 삶의 근본

사람들은 누구나 부자가 되기를 바라지만 대다수가 가난에서 헤어나지 못하고 있다. 사람이 살아가는데 경제적인 안정이야말로 아주 중요한 것이다. 경제적인 안정이 없으면 인간관계에서 심각한 타격을 입을 수 있다. 그것은 자신이 성공적인 삶을 살아가기는 고사하고 어떠한 성공도 기대하기는 어려운 것이다. 그러므로 경제적 안정이야말로 우리가 살아가는데 아주 중요하며 몇 번이고 강조하여도 부족하지 않다.

사람이 살아가는데 여러 가지 불편요소들이 있는데 그중에서 경제적인 불안정보다 더 불편한 일은 없을 것이다. 그러므로 풍요로운 삶을 살아가기 위해서는 최우선적으로 경제적인 안정을 위하여 최선을 다해야 할 것이다. 아마도 우리 인간 세상에서 돈 걱정 하지 않고 사는 사람은 없을 것이다. 부자는 부자 나름대로 돈에 대한 걱정이 있을 것이고, 가난한 사람도 마찬가지고, 기업가는 기업가대로 결제 걱정 등 누구나 돈 걱정하며 사는 것이다. 때로는 돈 걱정 때문에 가정이 파탄이 나기도 하고, 회사가 부도나기도 하고, 크게는 국가 경제도 돈으로 하여금 파탄이 나기도 하는 것이다.

그러므로 평소에 돈으로 하여금 큰 문제가 생기지 않도록 준비를 철저히 하여야 하는 것이다. 그렇지 않으면 문제가 생겼을 때 큰 고민에 빠지고 마는 것이다. 그러므로 평소에 돈 관리를 철저히 하여야 하는 것이다. 부부가 서로 돈에 대하여 상의하고 이해하고 서로 간에 신뢰하고 계획대로 살아가면 경제적인 안정과 더불어 가정의 화목이 있을 것이다. 앞뒤 가리지 않고 돈을 쓴다거나 부도 수표를 남발하는 것은 인간 세상에서 파멸의 길을 가는 것이다. 그러므로 경제적인 좋은 계획을 세워서 얼마나 열심히 일해야 할 것인지 얼마나 절약해야 할 것인지 알고서 경제 활동을 하여야 할 것이다.

해야 할 일은 미루지 말고 하여야 하고 술이나 도박이나 다른 악행을 하는 것은 현실을 도피하며 사는 아주 위험한 습관인 것이다. 그런 사람은 대체로 업무를 충실히 이행하지 않고 책임을 회피하고 거짓말하고 결국은 돈을 구걸까지 하며 인생의 파멸의 길을 걷는 것이다.

돈을 벌기 위하여 일하지 않고 허송세월을 보내면 그 가족들의 비참함은 이루 말할 수 없을 것이다. 성공할 사람은 계획하고 실천하는 반면 실패자들은 게으름으로 하여 현실을 도피하며 결국은 거지가 되기 쉬운 것이다. 경제적 안정을 먼저 확보하는 것이야말로 성공의 가장 중요한 요소인 것이다. 수입이 크고 작은 것이 중요하지 않다. 수입을 어떻게 잘 관리 하느냐가 중요한 것이다. 여기서 경제적인 안정을 확보하기 위하여 습관적으로 가져야 할 몇 가지 대안을 제시할까 한다.

1. 신용을 지켜라.

사람이 살다보면 갑자기 큰돈이 필요할 때가 생긴다. 그때 준비한 돈이 없으면 누구한테 빌려야 한다. 거래처나 친척이나 친지한테 돈을 빌리는 것이다. 이때 인간관계의 불편함이 생기기 마련이다. 그러나 현명한 사람은 자기가 신용이 있는 사람임을 주위의 모든 사람에게 심어주어야 한다. 신용을 잃는 것은 자신을 비참하게 만드는 요인이 되는 것이다.

그러므로 갚을 돈 약속대로 갚아야 한다. 특히 공짜심리를 버리고 약속을 연기하는 일이 없어야 할 것이다.

2. 정직한 사람이 되어야 한다.

사람은 정직한 사람과 부정직한 사람으로 나뉘어 진다. 정직한 것처럼 하면서 정직하지 못한 사람이 되어서는 안된다. 정직하지 못하게 얻은 재산은 쉽사리 없어짐을 알아야 한다. 가령 도둑을 해서 재산을 모으면 그 제산이 얼마나 가겠는가. 소매치기나 절도로 부자된 사람을 본적이 있는가. 조직폭력배의 두목이 감옥에서 석방되어 참회하면서 하는 말 "과거의 그 많은 돈과 힘은 하나의 물거품인 줄을 이제야 알겠다." 고 하는 말을 쉽사리 들을 수 있다. 부정직하게 모은 재산은 반드시 큰 손실이 뒤따르므로 정직한 삶을 살아갈 때 성공할 수 있다는 것이다.

3. 돈을 빌리는 일이 없어야 한다.

돈을 벌기보다 빌리는데 주력하면 많은 시간과 노력이 낭비되지만 빌린 후 갚을려고 하면 더 많은 노력이 필요하다. 돈 잃고 사람 잃는다는 말이 있다. 친구간의 돈거래는 우정을 상할 우려가 있다. 필요한 돈은 빌리지 말고 벌어서 쓸려고 노력해야 한다.

4. 불로 소득을 기대하면 안 된다.

불로 소득은 대가 없이 얻은 재산이다. 그것을 기대하는 것은 막연한 행운을 기다리는 결과가 된다. 그러므로 많은 돈이 필요하면 그것을 얻기 위하여 더 많이 노력하여야 한다. 지출보다 수입을 더 많이 하면 저축이 가능하고 그것이 많으면 부자가 되는 것이다.

5. 소득의 일부는 지역사회를 위하여 헌신할 수 있어야 한다.

주변 환경을 좋게 하여 밝고 행복한 사회를 만드는 것이 더욱 풍요로운 삶을 얻을 것이다.

공동 사회에서 지역 사회를 위하여 일부를 투자하는 것은 의무이며 책임인 것이다.

  6. 저축에 힘써야 한다.

  저축한 돈은 마치 스페어타이어와 같이 비상시 필수 불가결한 것이다. 저축한 돈이 넉넉하면 마음이 안정되고 매사에 너그러워지므로 타인의 칭송을 들을 수 있으며 적어도 자기를 못 살게 구는 적은 생기지 않을 것이다. 그러므로 돈이 있으면 자신감이 있고 자립심 그리고 자존심이 있어 자기를 다스릴 수 있는 힘이 되는 것이다.

법과 질서를 존중해야 한다 (더불어 사는 지혜)

   인간세상은 기본적인 원칙에 따라 움직인다. 그 원칙에 대한 결과를 예측할 수도 있고 원칙에 위배되면 벌을 받기도 한다. 하나님께서는 우주의 움직임과 모든 과학의 섭리가 원칙에 따라서 움직이도록 만들었고 그 원칙을 위반하면 벌을 받거나 심각한 손실을 얻는 것이다. 인간관계에서도 마찬가지이다. 서로의 권익을 보호하기 위하여 법을 만들고 그것을 지키기를 강요받는 것이다.
   그리고 그 법은 인간의 윤리와 도덕을 기반으로 만들어진 것이다. 그러므로 자기의 권익을 보호받으려면 법과 질서를 존중하며 타인에 해를 끼치지 않아야 자기의 성공을 보호받을 수 있다. 만일 사람들이 제각기 질서를 무시하고 산다면 그 무질서가 사회의 혼란은 물론 사회의 발전이나 문명의 혜택도 받을 수 없을 것이다. 그것은 풍요로운 삶으로부터 역행하는 길인 것이다.

원칙을 지키고 이성을 찾으며 선을 행하는 일이야말로 아주 이로운 것이다. 질서를 지킨다는 것은 타인보다 자신의 이익을 버리고 순종한다는 것이다. 원칙을 위반하면 형벌을 받는다는 사실을 인생의 초기에 배운 자는 참으로 복된 사람인 것이다. 만일 아이가 원칙을 위반하여 형벌을 받게 되면 대다수의 부모님들은 온갖 수단을 동원하여 그 형벌을 면케 하려고 한다. 그것은 다음에도 탈선하도록 혹은 그 아이가 범죄자나 문제아이가 되도록 도와주는 결과를 초래한다. 모든 사람은 악을 행할 수 있는 속성을 가지고 있다.

그러나 악을 행하지 않고 선을 행하도록 노력해야 할 것이다. 작은 범죄가 자칫하면 큰 범죄로 이어지기 쉬운 것이다.

필자는 음주 운전에 걸려 면허가 취소된 적이 있다. 그러나 사업을 하는 사람이 운전을 하지 않고서 살기란 너무나 치명적인 손상을 가져오는 처지에 있었다. 그것도 한 달이나 두 달이 아닌 일 년간이나 그래야 했다. 집에 차를 놓아두고 대중교통을 이용하기란 너무 힘든 일이었다. 때로는 하는 수 없이 무면허 운전을 해야 할 때도 있었다. 그런데 무면허로 운전을 하면서 여러 가지 생각이 교차하는 것이다. 먼데 있는 경찰만 봐도 간이 극도로 작아지는 죄인 의식이 가득한 것이다. 경찰에 무면허로 걸리면 어떻게 될 것인지 상상만 해도 겁이 나는 것이다. 불편한 대중교통을 이용할 때나 무면허 운전을 할 때나 항상 불안했다. 그런 생활을 일 년간이나 해야 했다. 만약에 법질서를 무시하고 무면허 운전을 하다가 적발되면 영창 신세에 전과자의 낙인을 받게 되는 것이다. 그것뿐인가 무면허 기간 동안 생업에 얼마나 많은 지장을 초래하였겠나 말이다. 법질서를 지키기 위해 운전하기 전 음주를 참았으면 아무런 일이 없었을 것인데 심적인 불안과 생업에 엄청난 지장을 초래하고 사회적인 지위도 격하되는 그런 일이 없었을 것이다. 그러므로 인생을 풍요롭고 성공적으로 살아가기 위해서는 아무리 작은 일이라도 법과 원칙을 지켜야 하는 것은 필연적인 것이다. 질서를 외면하는 삶은 아주 위태로운 것이다.

질서는 하나님이 주신 원칙이다. 질서를 위반하고 반성하지 않으면 벌을 받는다. 어떤 사람은 질서를 존중하고 어떤 사람은 부도덕한 쾌락을 즐기며 질서를 무시한다. 악이 사람의 중심을 장악하면 그 사람은 계속하여 악을 존중하며 성공에 반하는 심각한 고민에 빠지는 것이다. '벌레먹은 나무는 바람에 견디지 못하고 쓰러지고 만다.' 이는 내부가 병들어 불완전한 탓이다. 사람도 영혼이 병들면 정상적인 삶이 어려워진다. 그러므로 사람은 질서를 유지하고 원칙을 준수하는 삶을 살아야 할 것이다. 우리는 주위에서 사회적인 법과 질서를 무시하면서도 풍요로운 삶을 살아가는 사람을 볼 수 있다. 그들은 자기의 이익을 위하여 죄악을 저지르고도 자기의 죄에 대하여 심각하게 고민하지도 않는다. 어떤 사람들은 그들을 보면서 착하게 살려고 노력하는 자신들이 심하게 손해를 보는 것으로 알고 있다. 이것은 참으로 어리석은 생각이다. 분명히 알아야 할 것은 진리는 하나다. 은행나무에서 은행이 열리지 감이 열릴 수는 없는 것이다. 우리는 그 만고의 불변의 진리를 알고 원칙에 순응하며 사는 것이 진정한 삶임을 알아야 한다.

행복은 스스로 얻으며 느끼는 것이다

사람은 모두가 행복하기를 원한다. 그러나 대다수가 행복을 모르고 불행하다고 생각하며 산다. TV에서 어느 한 강사가 '행복은 셀프'라는 말을 들었다. 이 말에 전적으로 공감하면서 행복에 대하여 몇 자 적어 본다. 이것은 행복이란 스스로 만들어간다는 말이기도 하고, 스스로 느낀다는 말이기도 하다.

전쟁터에서 전쟁을 하다가 다리에 총상을 입었다. 그 사람 지극히 행복해하면서 심장에 맞지 않은 것이 천만다행이라며 즐거워하는 경우와 총 맞은 것만 생각하며 슬퍼하는 경우를 비교하면 생각 여하에 따라 같은 사안이라도 행복과 불행이 교차함을 알 수 있다.

모든 일에 긍정적으로 생각하며 사는 것이 행복의 비결인 것이다. 이것은 하나님이 주신 질서 안에서 허욕을 버리고 작은 것이라도 감사할 줄 아는 그런 사람이 행복을 느낀다는 말이다. 돈 백

원 가진 사람이 일원 가진 사람의 돈을 취하려 한다는 속담이 있다. 그것은 작은 것에 만족하지 못하는 사람의 속성 때문인 것이다. 욕심이 많을수록 자기의 욕구를 채우지 못하여 불행을 느끼는 것이다. 꿈과 욕망을 가지고 마음의 눈으로 미래를 보며 열심히 살아갈 때 자기의 소망은 이루어지는 것이다. 능력과 노력의 결실을 바라지 않고 허상의 사는 방식대로 따라서 살 필요가 없다는 뜻이다. 자기 방식대로 살아야 한다. 자기의 방식을 무시하고 자기의 도덕률에 역행 하면 마음의 동요를 피할 수 없는 것이다. 그러므로 양심에 거스르는 일을 해서는 안 된다. 양심에 바르다고 생각하면 무슨 일이든 추진력이 생기고 힘이 생기는 것이다. 거짓이 아니면 성공의 길을 가는데 강력한 힘과 추진력이 생기는 것이다. 모든 일은 당신의 양심으로 해결해야 한다. 양심에 거리끼는 일은 즉시 바로잡아야 한다. 만약 조금의 양심이라도 바로 잡지 못하면 커다란 갈등으로 이어지며 계속하여 더 큰 양심을 속여야 하고 결국은 파멸의 길을 걸을 수 있기 때문이다. 행복하고 성공하려면 걱정이 없고 정신적인 긴장이 없어야 할 것이다.

정신적 긴장을 감소시키는 방법으로는

1. 걱정의 요소를 제거해야 한다.
2. 긴장의 원인을 제거하라.
3. 걱정거리를 다른 사람과 의논한다.

4. 나쁜 감정을 좋은 감정으로 대치한다. 행복하다는 것은 걱정이 없이 좋은 감정을 가지는 것이다.

이따금 우주의 광활함과 엄청난 규모를 생각할 때 그리고 우주의 거리와 시간의 개념을 생각할 때 우리의 존재가 엄청 작음을 알 수 있다. 우리의 존재가 미약하다고 생각하면 걱정거리도 작아지고 모든 일들을 객관적이고 긍정적으로 바라보게 되는 것이다. 우리 인생은 참으로 짧다. 작은 일 따위로 걱정하며 불안해하며 귀중한 시간을 낭비하는 것은 참으로 어리석은 일이다. 행복하다는 것은 걱정이 없어야 하는 것인데 걱정거리는 생각에 따라 걱정일 수도 있고 즐거움일 수도 있다. 그러므로 모든 일을 긍정적으로 바라보고 작은 일에도 감사할 줄 알아야 한다. 사람은 누구나 감사의 조건을 가지고 있다. 그러나 사람은 감사의 조건을 모르거나 알아도 감사하지 않고 살아가고 있다. 타인에게 감사함을 표하는 것은 타인의 존경을 받도록 하는 지름길인 것이다. 타인이 자기에게 준 은혜는 기억해야 하고 남한테 준 은혜는 빨리 잊어야 한다. 감사는 미덕의 어머니이다. 감사는 고상한 영혼의 상징이다. 감사는 타인이 최선을 다 하도록 독려하기도 하고 풍성한 결과를 나타내게 한다. 타인에게 타당한 감사를 하지 못하는 것은 우리 인간의 심각한 약점중의 하나이다. 대다수의 사람들이 감사의 표현을 망각하며 살고 있다. 주위 사람들이 감사하지 않아도 자신만이라도 열심히 감사하며 살아야 한다. 나의 선행은 기억하지 않아도 실수는 기억하는 법이다. 좋은 일을 했어도 감사를 기대하지 말고 마땅히 할 일을 하면서 사는 것이 중요하다. 선행에 대한 보상은 반드시 돌아오기 때문이다.

사람은 감사를 잘 하지 않는다. 예수님께서 냉대 받는 문둥병자를 불쌍히 여겨 열 명을 고쳐 주었는데 그중 한 명만 감사했단다. 그만큼 사람들은 감사할 줄 모른다. 그러므로 보상을 바라지 말고 선행을 행하라. 그러면 당신은 절대로 실망하지 않을 것이다. 그렇게 하면 행복해질 것이다. 우리는 범사에 감사하라는 말씀에 순종해야 할 것이다. 우리 인간은 무안한 상상력을 가지고 살고 있다. 그러나 이 상상력을 적절히 조정할 줄 알아야 한다. 그러면 만족함과 행복함을 동시에 누릴 수 있다. 무슨 일이 자기 뜻대로 되지 않더라도 실망하지 말아야 한다. 세상일은 자기 맘대로 되지 않기 때문이다. 아무것도 기대하지 않으면 절대로 실망하지 않는다. 는 속담이 어쩌면 아주 건전한 충고일 것이다. 칭찬을 듣기 위하여 모든 것을 처리하는 사람은 항상 불행과 실망 속에 살고 있다. 항상 칭찬만을 들을 수 없기 때문이다. 그러므로 칭찬이나 감사를 기대하지 않고 선한 일을 하는 것이 행복을 얻는 길임을 명심해야 한다. 타인의 감사를 기대하는 자는 감사를 받을 자격이 없다. 타인의 감사를 기대하지 않아야 행복하게 될 것이고 성공의 지름길이기도 하다.

자기의 발전을 원하면 더욱 봉사해야 하고 받는 것보다 더욱 열심히 봉사해야 한다. 배신하지 말고 범사에 감사하며 사는 것은 주변 사람들의 신뢰를 얻어 하고자 하는 일을 성공적으로 이끄는 원동력인 것이다.

창업은 제2의 인생을 만드는 것

 창업은 퇴사한 사람이나 취업을 못한 사람들에게만 국한된 일은 아니다. 아무리 좋은 직장인이라도 언제 그만 둘지 모르는 일이고 직장에 오래 다녔다고 해도 언제 그만 둘지 모르는 일이므로 나 자신의 길을 개척해야 하는 것이 현실이다. 그러나 창업은 아무런 정보없이 욕심만으로 무턱대고 시작하면 큰 낭패를 보는 것이다. 필자는 여기서 창업의 열정을 가지고 사업을 시작하려고 할 때 어떤 직종을 선택할 것인가에 도움될 몇 마디 적어 볼까 한다.

 1. 가치관의 변화에 주목하여야 한다.

 IMF를 격고 장기적인 경제의 침체는 사람들 생각에 창업에 대한 새로운 가치관을 형성하고 있다. 평생 직장은 없다. 기업에서 사람을 줄이고 자동화에 힘쓰는 등의 고용기회의 축소와 정규직 또는 비정규직 등의 사회적인 문제가 평생직장이 없음을 입증해 주고 있다.

또한 창업에는 나이 제한이 없음을 알아야 한다. 젊어서도 톡톡 튀는 아이디어로 세계적인 재벌이 있지 않은가 말이다. 그리고 창업에는 꼭 많은 자본이 필요한 것은 아니다. 작은 노점상에서 성공한 사람도 있지 않은가. 꼭 많은 자본보다는 좋은 아이디어나 창업자의 성실도 등이 자본보다는 먼저인 것임을 알아야 한다. 우리는 창업하기 전에 사회적인 가치관에 대하여 명확히 알아야 할 필요가 있는 것이다.

2. 신선한 아이디어를 가지고 꿈을 현실로 바꿀 수 있어야 한다. 새로운 아이디어를 창출해 내는 것은 창업자가 자기 사업을 성공적으로 이끌어내는 최고의 원동력인 것이다. 또한 창업자는 직원이나 동료 그리고 이웃과의 교감이 성실하게 이루어져야 하고 이들과 원만한 인간관계가 이루어져야 성공의 발판을 마련할 수 있는 것이다. 그리고 자기가 경영하는 사업에 요구되는 모든 분야에 전문지식을 충분히 가져야만 성공할 수 있는 것이다.

3. 자신에게 맞는 직종을 택해야 한다.

창업이란 쉬운 일은 아니지만 일단 뿌리를 내리고 안정되면 여러 가지로 윤택해진다. 문제는 어떻게 성공하느냐에 달려 있지만 창업 후 수년간 살아남기란 극히 어려운 일이다. 다시 말하면 창업 전에 완벽하고도 철저한 준비가 되지 않으면 생존할 확률이 지극히 미약한 것이다. 성공한 창업자들의 성공담을 들어보면 철저한 준비와 자신에 맞는 적성도 자본이나 경험보다 더 중요함을 알 수 있다. 창업을 준비할 때 도움이 되는 지침들을 들어보기로 한다.

첫째. 실패를 두려워하지 않아야 한다. 약간의 실패는 내일의 성공을 향한 발판이 되는 것이다. 오지도 않은 실패를 미리 두려워하지 말고 꼭 성공한다는 강한 믿음이 창업성공의 가장 큰 밑거름이 되는 것이다.

둘째. 자신이 좋아서 하는 일을 택하라. 즐거워서 하는 일은 쉽사리 지치지 않고 좀 더 열심히 하게 되며 어려움이 닥쳐도 자신이 극복할 힘이 생기는 것이다.

셋째. 가능한 한 많은 정보를 수집하라.

넷째. 전문가나 같은 계통의 선배들의 경험담이나 조언을 활용하라.

다섯째, 건강관리를 철저히 하라. 창업하면 겪어야 할 육체적 피곤이나 정신적 피로를 능히 견뎌내야 한다. 스스로 건강관리에 힘써야 할 것이다.

4. 아이템을 신중하게 선택해야 한다. 아이템의 결정이 창업의 승부를 결정적 승부수이다.

아이템의 설정이 잘되었다고 해서 꼭 성공을 보장받는 것은 아니지만 아이템의 결정이 성공을 높이는 중요한 요인임에 틀림이 없다. 그러므로 충분한 시간을 가지고 성실히 조사하여 최근의

동향과 미래의 전망을 그리고 업종의 흐름을 잘 파악하고 자신의 성품과 능력에 맞는 꼼꼼히 비교하여 결정할 일이다. 아이템 선정의 기본 원칙은

첫째, 자신의 경험을 활용할 아이템을 찾아라. 이것은 자신의 경험을 활용하고 발전시키고 주변의 인맥을 활용할 수 있는 장점이 있다. 시대적인 조류에 따라 부득이 새로운 분야를 택할 경우 그 분야에 충분한 지식을 습득하는 것은 필수적이다.

5. 시설 투자 수익율이 많아야 하고, 재고의 부담이 적어야 하고 자금 회전이 빨라야 하는 것을 원칙으로 하여 꼼꼼히 따져보아야 한다. 경기 변동에 민감하지 않고 안정된 매출이 예상되어야 하고, 어음이 통용되는 업종은 절대로 피하여야 한다.

상기 나열한 모든 기준을 만족하기란 너무 어렵다. 그만큼 아이템의 선정이 성공 여부를 좌우하기 때문이다. 그러므로 자신의 여건을 객관적으로 고려하여 업종의 장단점을 잘 파악하여 한두 가지의 문제점이 있다면 잘 극복할 것을 염두에 두고 과감히 선택하여 창업을 서두른 후 성공을 위하여 최선을 다해 그 사업에 임할 것이다.

성공을 위한 올바른 처세술

　우리가 섣불리 말 몇 마디 해보고 그 사람을 다 아는 양 하는 경우가 많다. 다른 사람이 그가 지금까지 살아오면서 과거에 겪었던 다양한 경험과 능력을 속속 들이 알기란 너무 어려운 일이다. 또한 이따금 자기 자신도 이해하지 못할 때가 있고 자기의 행동도 이해 할 수가 없는데 하물며 타인을 정확히 안다는 것은 너무 어려운 일이다.
　이해한다는 것은 여러 가지 감정, 의견, 마음가짐, 습관, 경험 등 과거에 겪었던 수많은 사건들 전체를 인식하고 이해 하는 것이다.
　그러므로 타인을 이해하기 어려울 때 나름대로 이유가 있을 것이라고 생각하고 그 사람을 긍정적으로 생각하는 마음가짐은 인간 처세의 기본인 것이다. 그렇게 함으로 타인을 이해하는 방법과 기술이 터득되어지는 것이다. 그렇다면 타인을 더 잘 이해하기 위해서는 그 사람에 대해서 행동이나 생각에 대해서 너그럽게 대하는 것이다. 타인의 있는 그대로를 인정하고 흥미롭게 바라보는 습관이 필요한 것이다. 타인에게 관용을 베푸는 일은 자신과 다른 점을 발견하기 때문에 참으로 어려운 것이다. 그것은 사람들이 각기 필요로하는 이유가 다르기 때문이다. 만약 필요로 하는 이유가 서로 같다고 하면 문명의 발달은 없을 것이기 때문에 사람 간에 차이점은 받아들여져야 한다. 그러므로 타인의 생각에 너그러워지도록 노력해야 한다. 그리고 타인의 생각을 이해하는데 그치지 않고 관심을 가지고 칭찬하는 습관을 길러야 한다. 칭찬은 인간의 마음을 자극하여 자신감을 길러주고 성숙하게 만드는 것이다. 칭찬은 인간의 마음을 깊숙이 뒤흔들어 사람의 마음을 만족시키고 풍요롭게 하고 기쁘게 하고 사랑의 마음을 불러일으킨다. 그런데 다른 사람을 칭찬 할때 염두에 두어야 할 것은

첫째, 절대로 아첨을 해서는 안 된다. 칭찬은 길게 할수록 아첨이 된다. 짧고 명확하고 간결하게 해야 한다.

둘째, 칭찬은 구체적으로 해야 한다. 좋은 사람이라든가 멋지다 라든가 보다 구체적인 사안을 들어 칭찬해야 한다.

셋째, 사람을 칭찬하지 말고 한 일에 대하여 칭찬함이 상대방을 더 기쁘게 한다. 그리고 칭찬을 움찔거리거나 주저하지 말고 기회를 잘 포착하여 하는 것이 중요한 처세술의 하나인 것이다.

*사람들은 자기를 중요하게 여기는 사람에게 헌신함을 알아야.

사람들은 자기를 중요한 인물이라고 느끼게 했으면 하는 마음이 존재한다. 당신도 누가 당신을 중요한 사람으로 여기면 그 사람을 좋아하고 그 사람과 마음이 맞는다고 한다. 그리고 그 사람과 함께 일하고 싶어하고 그 사람을 도와주고 싶을 것이다. 그것은 자기를 가치 있는 사람으로 여기는 사람을 위하여 무엇인가를 해 주고 싶어하는 것이다.

그러면 다른 사람이 당신을 도와주도록 하는 방법을 알 수 있을 것이다. 실제로 사람들은 자신을 중요한 사람이라고 느끼는 사람의 기대에 부흥하기 위하여 그 사람을 도와주고 싶은 충동에 사로잡히는 것이다. 그러므로 다른 사람을 칭찬하는 것은 자기의 성공을 위한 좋은 처세라 할 수 있다.

*잘못한 일을 비판하기 보다는 긍정적인 부분을 찾아라.

사람들이 자기를 어떻게 생각하느냐는 주위의 환경이나 우리가 처해 있는 사항이나 사귀는 사람에 따라서 달라진다. 사람들은 무언가 이루기도 하고, 파괴하기도 하고, 기쁨을 주기도 하고, 상처를 주기도 하고, 자신감을 주기도 하고, 의혹이나 실망을 안겨 주기도 한다. 그러므로 어떤 사람 앞에서는 마음이 평온해지고 자신감이 있기도 하지만 어떤 사람 앞에서는 불안하고 자리를 빨리 피하고 싶은 경우가 있다. 만나서 마음이 평온하고 즐거움을 주는 그런 사람은 자신을 좋아하게 만드는 귀중한 재능을 가진 사람이다. 그러나 남에 대하여 비판을 일삼고 무시하고 비방하며 우리보다 압도적인 성공을 거두고 그것을 자랑하여 남을 위축되게 만드는 그런 사람들은 우리의 용기도 꺾어 버리고 노력에 대한 보람도 모르게 하고 자신감을 움츠러들게 한다. 그렇게 되면 적개심도 없어지고 무기력해져서 무관심해지고 저항할 마음마저 없어지고 만다. 그러므로 자신마저 좋아하지 않게 되고 절망한 나머지 상대방을 보복하려고 하는 마음이 드는 것이다. 비판은 사람들이 자신을 좋은 사람이라고 느끼게 하지 않는다. 남을 비판하는 것은 무조건 좋지 않은 처세이다. 세상에는 건설적이고 좋은 비판이란 존재하지 않는다. 남을 비판하는 것은 인간 관계에서 가장 나쁜 처세이다. 비판은 상대방의 입장을 무시하는 처사이기 때문이다.

 어느 단체에서 비판을 한다는 것은 그 단체에서 자신을 도태시키는 결과를 가져오는 것이다. 비판할 당시 자신과 뜻이 같은 사람의 칭찬을 받을 수 있을 것이나 자기와 뜻이 반하는 사람들과는 적이 되기 때문이다. 또한 개인을 비판하는 것은 그 사람의 마음에 상처를 주는 일이 대다수이기 때문에 그 사람과 사이가 멀어지는 것은 당연한 일이다. 그러므로 주위의 사람들을 적으로 만드는 것은 자기의 성공에 역행하는 결과를 가져오는 것이다. 어느 단채에서 좋은 사람으로 인기를 얻고자 하면 비판은 절대로 금물이며 긍정적인 면만을 골라 칭찬을 일삼는 것은 참으로 좋은 처세술의 하나인 것이다.

　＊ 마음가짐을 바꾸면 인생이 바뀐다. 우리 인생은 끊임없이 생각하며 산다. 그 생각 중 고민하거나 하므로써 성장하거나 인생이 개선되는 것은 아니다. 그러면 생각은 어떻게 바꾸어야 하는가. 그것은 연습이 필요한 것이다. 많은 책을 읽고 거기서 읽은 아이디어를 실행에 옮기도록 하라. 결정 사항을 행동으로 옮기고 이것을 다른 사람들과 더불어 실행하면 아주 긍정적인 반응을 얻을 것이며 당신은 더욱 행복해질 것이다. 이런 일이 계속되면 당신의 성품은 더욱 낙관적이고 적극적이며 매사에 자신감을 가지는 능력 있는 사람으로 변하여 갈 것이다. 또한 솟아나는 자신감으로 인하여 주변 사람들과 함께 기쁨을 나눌 수 있을 것이다.

　＊상대방의 마음을 읽을 줄 알아야 한다. 사람들은 대체로 자신이 원하는 것이 무엇인지는 잘 알고 있지만 다른 사람이 무엇을 원하는지 잘 분간하기 힘들다. 그러나 대다수의 사람들은 자신이 원하는 것을 찾아내기 위하여 혈안이 되어 있으나 타인의 마음을 충족시키는 데까지 마음을 쓰지 못한다. 내가 상대방한테 무엇을 바라는지는 잘 알지만 상대가 나한테 무엇을 바라는지는 전혀 알 수가 없다. 누구나 상대가 자기한테 무언가 해주기를 바라고 그 바람이 관철되지 않을 때 욕구 불만이 생기고 상대를 미워하거나 벌주려고 한다. 이것이 개인주의가 발달한 현실사회에

서의 모습인 것이다. 사회에서 서로가 싸우고 이별하고 짓밟고 하는 모든 다툼이 타인의 마음을 읽지 못하는데서 생기는 것이다. 상대가 무엇을 원하는지 찾아내어 그것이 확인되면 그 원하는 것을 성취하도록 도와주라, 그것이 자기를 도와줄 사람을 만드는 길이며 성공을 향한 좋은 처세술인 것이다.

*원하는 것과 필요한 것과를 잘 분별해야 한다. 원하는 것과 필요한 것은 다르다 원하는 것은 끝이 없고 만족할 줄을 모른다. 원하는 것을 이루면 다른 원하는 것이 더 많이 생겨난다. 그러나 필요로 하는 것은 그 인간의 내면에 깊이 흐른다. 사람들은 남이 자기를 동정해주기를 원한다. 자기의 감정에 이입해 주기를 필요로 한다. 집이나 땅을 원한다면 그들은 비를 피하고 잠잘 곳을 필요로 한다. 사람들은 명예를 얻기를 원하고 권력을 원한다면 인정받을 필요가 있고 타인의 도움을 필요로 하는 것이다. 권력을 원하지만 존경받을 필요가 있다. 말하자면 누구에게 필요한 것을 주면 그들은 당신에게 필요한 것을 주는 것이다. 그러나 그 사람이 정말로 필요한 것이 무엇인가 알기란 정말 어렵다. 그것을 알기 위해서는 그 사람과 더욱 친한 사이가 되어야 할 것이다. 그러므로 당신의 속마음을 열고 가면을 벗어 던지면 그 사람도 속마음을 터 놓을 것이고 상호간의 필요한 것을 쉽사리 알 수 있게 되는 것이다. 원하는 것은 얻어도 큰 효과를 거두지 못하고 다른 원하는 것이 생겨나지만 필요한 것은 얻으면 그것으로 만

족을 느끼고 더 이상의 필요를 못 느끼는 것이다. 그러므로 상대방의 필요한 것을 발견하여 채워주는 것이 그 사람을 좋은 동반자로 만드는 지름길인 것이다.

*상대방의 필요를 채워 주는 것은 나의 목표를 달성하는 길.

목표를 달성하기란 상대방을 설득하는 길이다 그러나 그냥 설득만 하려고 장황하게 설명만 늘어놓으면 쉽사리 설득되지 않음을 알 수 있다. 장황한 말로 오랫동안 설득하려다가 거절당하기보다 그가 바라는 바를 포착해서 설득하려고 하면 어느 샌가 그는 나의 편이 되어 있을 것이다. 대체로 사람들은 남의 도움을 필요로 하는 연약한 동물이기 때문이다. 사람들은 신문을 사기보다는 뉴스를 사고 안경을 사기보다는 더 나은 시력을 필요로 하고 화장품을 사기보다는 더 낳은 미모를 사는 것이다. 그것들은 물건 그 자체보다 그들의 필요를 충족하기 위하여 사는 것이다. 설득이란 그들의 감정적 필요를 만족시켜 줄 때 성공하는 것이다. 우리가 사회에서나 직장에서나 목적을 달성하기 위하여서는 남을 설득해야 할 때가 허다히 많다. 그러므로 설득을 잘 시키는 사람이 매사를 잘 성취할 수 있고 성공적인 삶을 살아갈 수 있을 것이다.

*분함을 억제할 줄 알아야 좋은 인간관계를 가질 수 있다. 사람들은 자기의 생각과 맞지 않으면 반항심이 생기고 심하면 화를 내기 쉽다. 화를 낸다는 것은 인간관계를 단절시키는 가장 냉

혹하고 보편적인 것이다. 화를 내고 불만을 터뜨리는 것은 사람들의 욕구 불만을 일으키는 원인이고 심하면 적의를 품게 하는 원인이 되는 것이다. 분함을 표출하는 것은 부부간에는 애정이 증오로, 친구를 남으로 만들고, 동료를 적으로 만들고, 협력함과 신의를 적대와 불신으로 바꾸는 것이다. 당신의 행동은 상대방의 마음가짐에 항상 반영되고 있음을 명심하여 분을 참는 것을 대인관계의 필수 사항임을 명심하길 바란다. 화를 자주 내는 사람의 주변사람들이 없어지고 분을 잘 참으면 주변사람들과의 인간관계가 훨씬 개방적이고 부드럽게 변할 것이다. 반항하는 것 즉 요구불만은 여러 가지 형태로 주변 사람들에게 나타내는 것이다. 그러므로 그때그때 잘 대처하여 화내는 것을 참는 방향으로 행동하기 바란다. 참는 자에게 복이 온다는 말을 명심하여 대인관계를 해 나가면 성공적인 인간관계를 이룰 것이며 인생을 성공의 길로 이끌어 갈 것이다. 우리가 나를 깨끗하게 정화 시켜주고 이름만 들어도 기분이 좋아 지는 사람 그런 사람을 만나기를 원한다. 나에게 삶에 자신감을 가지게 하고 활기찬 삶을 살 수 있게 하는 사람을 만나기를 원하고 그런 사람을 만나면 행복해 질 것 같은 그런 마음이 바로 내 마음만 같으면 얼마나 좋을까. 자신이 자신을 만나는 사람들에게 편안함을 주고 화평하며 행복을 선사하는 그런 삶을 산다면 그 사람은 자신의 마음도 행복해 지고 성공적인 삶을 산다고 말 할 수 있을 것이다.

게으른 자는 성공 할 수 없다

사람에게서 게으름은 성공의 길을 가로 막는 최대의 적이다. 게으름은 사람의 능력을 발휘하지 못하게 하는 좀 벌레와 같은 것이다.

아무리 머리가 좋고 능력이 있어도 게으름으로 방탕 하면 그 사람은 실패의 인생이 되고 만다. 부지런한 사람은 여러 가지 지혜도 생기지만 게으른 자는 있던 지혜도 흐려지는 것이다. 그러므로 게으름과 타협 하는 사람은 절대로 성공 할 수 없다. 두뇌는 사용 할수록 발달하고 육신도 사용 할수록 강건 해 지는 것이다. 그러므로 게으른 사람은 육신적으로나 정신적으로나 허약해 지는 것이다. 그러므로 부지런함은 성장의 길이요 게으름은 멸망의 길인 것이다.

사람은 돈을 벌어야 먹고 쓰고 사는데 일 하지 않고는 돈이 생기지 않기 때문이다. 그러므로 놀고먹으려는 사람은 사회에서 쓸모없는 무가치한 사람이 되고 마는 것이다. 일부 부유층 자녀들은 노력의 필요성을 인식하지 못하고 부지런 하지 않아도 즐기며 살 수 있다는 생각에 길들여져 있기 때문에 그들은 받았던 유산을 잃고 비극적인 인생을 사는 사람이 있기도 한 것이다.

열심히 일하지 않고 게으른 모습으로 살던 사람들은 조그만 곤경에 처해도 극복하려고 노력하기 보다는 회피하려고 든다. 게으른 사람들의 특징은 그 난관을 극복하려 맞서지 않고 영구적인 실패로 간주하고 계속 노력하지 않는다. 육신적으로 나태한 사람은 고정된 마음을 가진자이다. 그들은 무지, 공포, 범죄 등의 온상이 되지만 부지런한 사람은 넘치는 힘과 용기가 있는 것이다.

성경에도 부지런히 열심히 일하라는 말이 여러 곳에 기록되어 있다.

*게으른 자는 가을에 밭 갈지 아니하나니 그러므로 거둘 때에는 구걸 할지라도 얻지 못하리라.(잠언 20장 4절)

*손을 게으르게 놀리는 자는 가난하게 되고 손이 부지런한 자는 부하게 되느니라.(잠언 10장 4절)

*게으른 자여 개미에게로 가서 그 하는 것을 보고 지혜를 얻으라, 개미는 두령도 없고 간역자도 없고 주권자도 없으되 먹을 것을 여름동안에 예비하여 추수 때에 양식을 모으느니라. 게으른 자여, 네가 어느 때까지 눕겠느냐. 네가 어느 때에 잠이 깨어

일어나겠느냐, 좀 더 자자, 좀 더 졸자, 손을 모으고 좀 더 눕자 하면 빈궁이 강도 같이 오며 네 곤 핍이 군사 같이 이르리라.(잠언 6장 11절)

　어느 날 잠에서 깨어보니 무장한 강도가 나타나 가진 것을 모두 빼앗아 버린다는 말이 참으로 무서운 말이다.

　하나님은 조금 일하고 고용주의 것을 빼앗지 말고 최대한으로 열심히 일하라는 것이다. 일을 유쾌하게 하면 피곤하지 않다, 하기 싫은 일을 억지로 한다거나 불만을 가지고 일하면 피로가 빨리 오는 것이다.

　우리가 가지고 있는 능력을 최대한 활용하는 것은 스스로를 강하게 하지만 안일 무사주의자는 나약해지고 피곤해지는 것이다. 피곤은 일을 열심히해서가 아니고 걱정이나 욕구불만, 분노 때문에 생기는 것이다. 본인의 성공을 위하여 부지런 하고 열심히 일하여 자기를 개방하고 능력이 넘치는 사람이 되어 활력이 있는 성공적인 삶을 살기 바란다.

경제적 안정은 평안한 삶의 기본

　대부분의 사람들은 부자가 되기를 원하면서도 가난에서 벗어나지 못하고 허덕이고 있다. 사람이 살아가는데 경제적인 안정은 참으로 중요한 것이다. 사람이 살아가는데 돈이 없으면 아무것도 할 수 없는 것이다. 그러므로 돈을 벌거나 쓰는데 제대로 하지 못하면 세상을 살아가는데 실패를 면하기 어려울 것이다. 그것은 실패의 원인으로서 다른 요인들보다 가장 지독한 것이다. 사람이 살아가는데 불편을 느끼는 요인들 중에는 여러 가지가 있으나 크게 두 가지를 들라면 건강 문제와 물질의 문제가 쉽사리 생각되지만 그중에서 경제적 불안정이 훨씬 인생사를 불편하게 만드는 것이다. 그러므로 자신의 경제적인 문제를 수시로 점검하고 경제적 안정을 위하여 최선을 다 해야 할 것이다. 세상을 살면서 돈 걱정 하지 않고 살면 얼마나 좋을까. 사실 세상에서 돈 걱정 없이 사는 사람은 그리 흔하지 않다. 가난한 사람이나, 부자나, 큰 사업하는 사람이나, 돈 걱정하며 살기 마련이다. 고정 수입이 있는 사람도 위기상항이 닥치면 상상 외로 많은 돈이 들기 때문이다. 돈 때문에 가정이 파괴되거나 인간관계에 불화가 생기고 하는 경우가 얼마든지 많은 것이다. 이것은 돈의 액수가 많고 적은 것이 문제가 아니고 평소에 준비 되지 않으면 문제가 생겼을 때 커다란 충격에 싸이게 되는 것이다.

  그러므로 일을 열심히 하고 돈 관리에 신중을 기하고 부부간에 돈 모으는 문제에 대해서 의논하고 서로 이해하고 절약을 힘써 행하면 가정의 경제적인 안정은 물론이고 화목한 가정을 이룰 수 있는 것이다. 돈은 써야 벌린다는 생각을 가지고 돈을 무절제하게 써버리는 사람들은 인간 사회에서 퇴출당하는 자살 행위와 같은 것이다. 누구나 좋은 경제적 계획을 가지고 자신이 필요한 액수의 돈을 계산하고 그 액수를 벌기 위하여 얼마나 많은 일을 해야 하는지, 또는 얼마나 많은 절제가 필요한지 미리 계산하고 그대로 행동하는 것이 성공적인 삶을 살 수 있을 것이다. 어떤 이들은 술, 도박, 경마 등 악행을 위하여 낭비하는 사람들은 현실의 도피자라고 말 할 수 있다. 그들은 대다수가 맡은바 책임을 충실히 수행하지 않고 많은 채권자 들을 거느리며 거짓을 일삼고 돈 빌리러 다니기 일쑤이고 심지어는 구걸을 일삼기도 하는 것이다. 그런 사람들의 가족들의 생활상이야 말로 참으로 비참하기 그지없을 것이다. 자기의 수입이 크거나 작거나 이것은 문제가 되지 않는다. 중요한 것은 자기의 수입을 어떻게 관리하느냐 에 따라서 다른 것이다. 좀 더 열심히 일하고 그것을 잘 관리하고 절제하여 경제적인 안정을 확보하는 것이야말로 성공으로 가는 아주 중요한 길인 것이다.

필자는 여기서 좋은 경제적인 안정을 확보하는 몇 가지 방법을 제시 할까 한다.

1. 댓가를 지불하는 버릇을 가지라. 막연히 행운을 기다리는 사람은 그것을 얻지 못한다, 그들은 대가를 지불하지 않으려 하기 때문이다, 만일 우리가 돈이 필요하면 일을 많이 하면 되고 수입보다 덜 쓰면 저축이 되는 것이다.

2. 돈을 빌리는 버릇을 버리라. 돈을 빌리려고 노력하기 보다는 벌려고 노력해야 할 것이다. 돈을 빌리거나 빌려주면 자칫 인간관계가 상할 우려가 있기 때문이다. "돈을 빌리거나 빌려 주지도 말라, 돈을 빌려주면 원금과 친구를 둘 다 잃는다는" 세익스피어의 말이 있지 않는가 말이다.

3. 돈 문제에 정직해야 한다. 정직하지 못한 방법으로 재산을 늘리면 언젠가는 큰 손실이 생기게 마련이다. 정직한 삶을 살 때 돈 벌 기회가 온다는 사실을 알아야 한다.

4. 신용 관리를 철저히 하라. 사람이 무슨 일을 도모할 때 돈을 빌려야 할 때가 있다, 돈을 빌린다는 것은 심적 부담이 크다. 그러나 신용이 없으면 더욱 빌리기 힘들다, 그러므로 평소에 신용

관리를 철저히 해야 한다. 신용이 없어서 돈을 못 빌리면 얼마나 비참한일인가. 신용을 잃으면 사회생활이 고달파진다. 하고자 하는 일을 못할 때 성공에 걸림돌이 되는 것이다. 공짜를 취하면 언제나 해로운 결과를 낳기 때문이다.

  5. 비상금을 확보하라. 비상금이란 자동차의 스페어타이어와 같고 배에서 구면조끼와 같은 것이다. 돈이 두둑이 있으면 생활이 안정되고 매사에 자신감이 생긴다. 그리고 두둑한 인내심이 생기고 자립심이나 자존심도 생기는 것이다. 그러므로 비상금을 확보하는 것은 참으로 중요한 일이다.

용기 있는 자가 성공할 수 있다

　사람의 속성은 유전적으로 타고나는 것이 있고 습관과 연습에 의하여 이루어지는 속성이 있다. 그러나 대체로 습관에 의하여 모든 것을 해결하고 얻어지는 것이다. 선천적인 개성만으로는 발전이 이루어질 수 없는 것이다. 살다보면 용기를 내야 할 일들이 아주 많이 있기 마련이다. 무슨 일을 결정지을 때 확신을 가지고 추진하도록 뒷받침해 주는 용기가 필요하다. 용기가 없으면 추진력을 상실하여 기회를 잃는 일이 허다한 것이다. 용기란 전쟁터에서 목숨 걸고 싸우는 곳에서만 비롯된다고 생각하기 쉬우나 용기는 작은 일에서 비롯된다는 사실을 알아야 한다. 전쟁터에서 명령에 의하여 움직이는 용기는 진정한 용기라고 말할 수 없다. 진정한 용기란 아무런 제재를 받지 않는 처지에서 발휘되어야 하는 것이다. 세상에는 참으로 많은 사람들이 용기 없이 소심하게 살다가 실패하는 경우가 많다. 적극적이고 용기 있는 사람들이 성공적으로 부유하고 풍요로운 삶을 누릴 수 있을 것이다. 사람들은 영웅과 겁쟁이의 두 가지 속성을 가지고 살아간다. 그러나 어떤 위기가 닥쳐올 때 영웅인지 겁쟁이인지 알 수 있다. 사람들이 살면서 많은 계획들을 세우지만 그 계획을 용기 있게 실천하기란 참으로 어려운 일이다. 조그만 장해만 있어도 시작도 못하고 포기하기 때문이다. 우리가 용기가 없어서 무슨 계획을 실천하지 못하고 포기하면 그 인생에 큰 손해를 볼 것이다. "졸장부는 궁핍을 면하기 어렵지만 대장부는 풍부함을 획득 한다" 라고 세익스피어는 말 했다. 용기 없이 결정을 쉽사리 하지 못하는 사람은 가난을 면하기 어렵다는 것이다. 사람들은 종종 성공이 눈앞에 왔는데 그것을 모르고 중단하거나 포기하는 경우가 있다. 용기를 가지고 불굴의 정신으로 현실을 극복하다 보면 모름지기 성공이 눈앞에 다가오는 것이다. 용기는 누구나 원하면 가질 수 있다. 용기를 가지려면 어지간한 문제는 스스로 해결하는 습관을 가져야 한다. 여기서 자기의 용기를 기르기 위한 수법 몇 가지 소개할까 한다.

1. 용기를 가지려면 항상 용기 있는 사람처럼 행동하고 용기를 가지려면 확신에 찬 자신감과 열성과 인내심과 승리욕과 같은 요인들이 있어야 한다. 만일 무슨 일에 대하여 반신반의 하면 용기를 내기란 아주 어려울 것이다.

2. 자기의 마음속을 용기로 가득 채워야 한다. 용기에 관해서

관심을 가지고 용기 있는 사람을 격찬하고 용기에 관한 책들을 많이 읽어야 한다.

3. 소심한 사람을 보면 그로 인하여 자극을 받아야 한다. 용기와 패기가 없으면 활력도 사라진다. 겁쟁이나 소심한 자를 따라 하지 말라. 다음은 줄리어스 시저의 말이다. "겁쟁이는 사망하기 전에 여러 번 죽는다. 그러나 용감한 자는 꼭 한번만 죽는다, 나는 겁을 버리고 용기를 가지고 여생을 살아야 한다. 왜냐하면 누구에게나 죽음은 꼭 한번 찾아오기 때문이다."

4. 당연히 해야 할 일을 서슴없이 행하라. 그러면 그 자체가 용기를 가지는 것이다. 그러면 그날은 용기 있는 일을 했고 그렇게 매일 살면 일 년 또는 매 년 용기 있는 삶을 살 것이다.

5. 마음속에 의심과 소극적 사고방식을 버리고 적극적인 사고를 가지라. 의심이 많으면 취하는 것도 적어진다. 공포는 눈을 멀게 하고 도중에 포기하는 것과 타락하는 것은 매우 쉬운 것이다. 이는 용기를 필요로 하지 않기 때문이다.

필자는 젊은 시절에 끈기와 용기의 부족으로 하던 사업을 너무 쉽사리 포기함으로 인하여 거의 평생을 고생한 경험이 있다. 당시 삼십대 중반에 석유파동 등 사회적인 불안으로 어려움에 처했을 때 어려움을 극복하겠다는 신념과 끈기 즉 용기가 없었던 것이다. 그 뒤 상황이 이삼 개월 이내에 경기가 호전되었을 때 아무리 후회해도 소용이 없음을 경험한 사람이다. 용기가 없는 사람은 대다수의 일에 대하여 겁을 먹고 원망하고 불평하고 자기연민에 빠지는 것이다. 사람에게는 용기가 필요하다. 용기가 있어야 성취도 있고 정복도 하는 것이다. 용기가 있어야 도전도 하고 성취도 있고 성공도 하는 것이다. 용기가 있어야 장애물도 극복하고 문제를 해결하기도 한다. 용기가 있으려면 시간이 걸릴 수 있는데 끊임없이 용기를 갖도록 노력해야 한다. 용기가 있어야 실행하고 결과를 얻는 것이기 때문이다.

건강을 유지하는 것은 성공의 기본요소

    사람은 몸과 마음이 건강하지 않고는 아무 것도 할 수 없다. 그러므로 건강은 성공적인 삶의 기본 요소이다. 그러므로 자신의 건강을 최우선적으로 챙겨야 한다. 우리 일상생활에서 건강을 지키는 것이 가장 관심사의 일인 것이다. 건강 여부가 인생의 성공 여부를 가름하기도 한다. 성공적인 삶을 위하여 건강관리에 최우선적으로 관심을 기울여야 한다. 건강에는 크게 두 가지로 나누인다. 육신적인 건강과 정신적인 건강으로 말이다.
    그런데 정신건강은 육신의 건강에서 나온다고 생각한다. 그리고 정신적 건강이 허약해도 육신적인 건강을 유지하기 힘들다. 각종 스트레스가 육신적인 건강을 해치기 때문이다. 아무튼 건강을 해치는 요인들을 잘 분석하여 그들을 제거하는 것이 건강을 지키는 지름길인 것이다. 여기서 병을 일으키는 요인들이 무엇인지 알아보기로 한다.

1. 열심히 일을 해야 한다. 할 일 없이 노는 사람들이 병에 걸린 경우가 허다하다. 일을 열심히 하지 않으면 건강이나 행복을 유지 할 수 없는 것이다. 따라서 몸과 마음이 건강하려면 열심히 일을 해야 한다. 일을 열심히 함으로 욕구불만, 증오감, 심리적인 불안감 등을 그리고 실패와 같은 불안감 등이 없이 더욱 건강하게 살 수 있을 것이다.

2. 즐거운 마음과 청결한 양심은 건강에 가장 좋은 약이다. 양심적 불안감이나 죄책감, 악의에 찬 생각, 그리고 심리적인 분쟁 등으로 질병에 걸리는 경우가 허다하다. 만약에 우리가 영적인 진리를 무시하고 자기의 책임을 완수하지 않으면 걱정과 공포심과 잡념, 시기, 질투, 원망, 불평과 같은 것들로부터 자유롭지 못하여 이들이 몸을 병들게 하는 것이다. 육신적으로 건강하더라도 질투와 증오 미움 등 사회적으로 병들어 있으면, 그리고 게으름과 무기력에 사로 잡혀 있다면 그 나쁜 감정들은 우리의 건강을 해치고 성공을 가로막는 원동력인 것이다.

3. 매사에 긍정적이고 가족들 종교 그리고 사회적 책임을 성실히 이행해야 정신적인 건강이나 육신적인 건강을 유지할 수 있다. 그러므로 다른 사람과의 좋은 관계를 가질 수 있고 심리적으로나 육신적으로나 건강해질 수가 있는 것이다. 그러므로 남의 나쁜 것은 쳐다보지도 말고 좋은 일만 생각하고 매사에 긍정적으로 바라보고 모든 것을 좋은 방향으로 생각하는 것이야말로 자기

의 건강을 지키고 성공의 길로 가는 지름길인 것이다.

4. 자기의 건강은 자기가 지켜야.

우리는 종종 자기의 건강은 너무 소홀히하다가 돌이킬 수 없을 그 때는 이미 늦은 것이다. 그 때 땅을 치고 후회하는 경우가 있다. 자기의 건강은 자기가 지켜야 한다. 우리는 누구나 생명을 위하여 달리고 있다. 만일 우리의 심장이 정상으로 작동하면 우리의 육체는 안전하단다. 심장이 건전하게 움직이면 모든 병은 완치가 가능하기 때문이다. 그러므로 우리는 열심히 일하고 적당히 움직여야 한다. 성공적인 인생을 살아가려면 자기의 생명을 존중하고 소중히 다루어야 한다. 몸이 건강해야 무슨 일이든지 할 수 있기 때문이다.

5. 미움과 분노는 병을 부른다.

무슨 일을 즐기면서 하면 능률도 오르고 건강에도 좋지만 억지로 하면 능률도 오르지 않고 스트레스로 인하여 병을 유발하기도 한다. 직장에서 단순히 보수를 위하여 억지로 한다면 자기의 직업의식이 사라지고 일에 흥미를 느끼지 못하여 현직을 싫어하고 다른 직업을 찾기 일쑤이다. 물론 자기가 좋아하는 직업을 찾을 수 있다면 문제는 다르지만 그렇지 못하면 주어진 현직에 애착을 가지려고 노력해야 한다. 말하자면 뚜렷한 직업의식이 있어야 한다. 주어진 일을 싫어하여 멀리하기 보다는 일을 가까이 하여 좋아하고 즐기며 사랑해야 한다. 악을 좋아하는 사람은 선을 미워하는 것과 같이 게으른 사람은 일을 사랑할 수가 없다. 일을 사랑하려면 불안함을 없애고 어떤 사항을 미워하고 분노하는 데서 자유로워야 한다. 우리가 삶을 영위하고 성공하려는 주된 목적은 생명을 보존하고 풍요로운 삶을 누리고 하고싶은대로 하기 위함이다. 그러므로 건전한 정신과, 건전한 인격과, 건전한 육체와, 건전한 영혼을 가지기 위하여 부단히 노력해야 할 것이다.

다가오는 고통은 즐기며 받아들여야 성공한다

사람에게는 누구나 크고 작은 고통이 지속적으로 다가온다. 어떻게 보면 삶 자체가 고통의 연속이라 할 수도 있다. 우리는 그 고통을 극복해가면서 성숙해지는 것이다. 그러므로 그 고통을 겸허히 받아들이고 극복해가면 그 사람은 성공적인 삶을 살 수 있으나 그 고통을 괴로워하고 회피하고 불행해하면 그의 삶은 실패의 지름길을 가게 될 것이다. 연속적으로 다가오는 고통을 고통으로 여기지않고 슬기롭게 극복 함으로써 그만큼 능력이 배양될 뿐 아니라 그 경험으로 하여금 그 유사한 고통은 고통이 아니기 때문이다. 다가오는 고통을 괴로워하며 회피하려 하면 그의 성장은 그 자리에서 머물러 버리고 급기야는 삶의 의욕을 잃어버리고 불행함을 맞이할 것이다. 그러므로 다가오는 고통을 즐기며 맞이하는 삶이 바람직한 삶이라 할 수 있다.

서예 작품

智修仁義勤儉忍耐
壬寅仲秋節 瑞剛 朴允相

松鶴蓮龜千年壽芝
蘭玉樹芬芳榮
壬寅中秋節 瑞剛 朴允相

鯨周海闊無邊飲
鶴倚了高汪意飛
壬寅秋之節 瑞剛

智信仁義 勤儉忍勇

智信仁義 勤儉忍禮

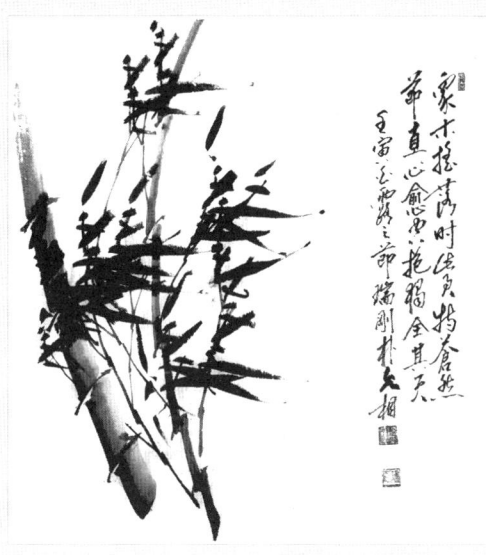

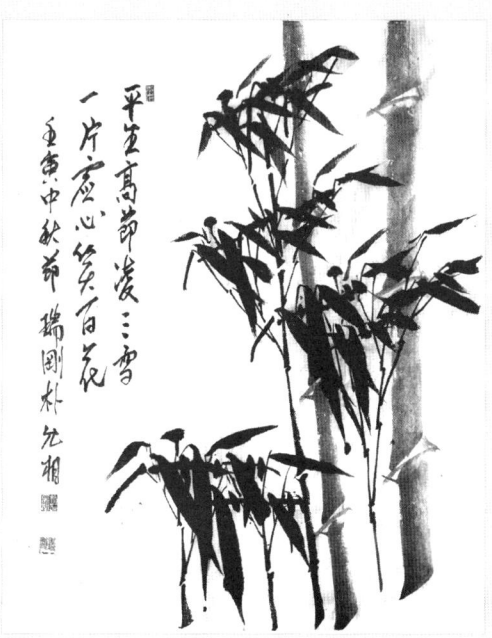

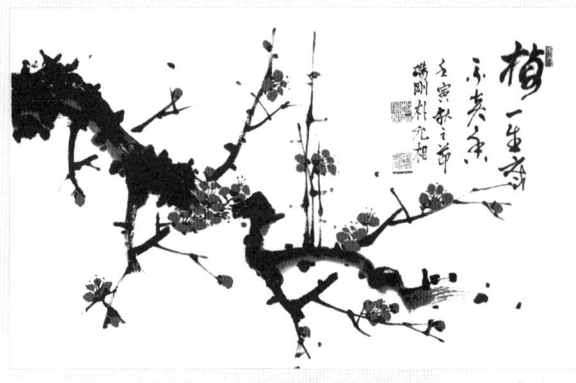

박윤상 수필집

풍요로운 삶을 위하여

인쇄 2022년 11월 22일
발행 2022년 11월 25일

지은이 박윤상
발행인 서정환
펴낸곳 신아출판사
주소 서울시 종로구 삼일대로 32길 36(익선동 30-6 운현신화타워 빌딩) 305호
전화 (02) 3675-5633, (063) 275-4000, (063) 251-3885
팩스 (063) 274-3131
이메일 essay321@hanmail.net   sina321@hanmail.net
출판등록 제300-2013-133호
인쇄·제본 신아문예사

저작권자 ⓒ 2022, 박윤상
이 책의 저작권은 저자에게 있습니다. 서면에 의한 저자의 허락없이 내용의 일부를 인용하거나 발췌하는 것을 금합니다.
저자와 협의, 인지는 생략합니다.
잘못된 책은 바꿔 드립니다.

ISBN 979-11-92557-62-5 03810

값 16,000원

Printed in KOREA